O Poder Oculto dos Juramentos
Pactos Invisíveis que Governam Sua Vida

Alan Bradley

Booklas Publishing · 2025
Obra originalmente escrita em 2023

Original Title: *The Hidden Power of Oaths - Invisible Pacts That Rule Your Life*
Copyright © 2025, publicado por Luiz Antonio dos Santos ME.
Este livro é uma obra de não-ficção que explora práticas e conceitos no campo da espiritualidade e desenvolvimento interior. Através de uma abordagem profunda e energética, o autor investiga como promessas, votos e pactos moldam experiências de vida, influenciam o destino e atuam como vínculos sutis que conectam o ser humano ao plano espiritual.
1ª Edição
Equipe de Produção
Autor: Alan Bradley
Editor: Luiz Santos
Capa: Studios Booklas / Théo Damaris
Consultor: Caio Rennar
Pesquisadores: M. Távora / Jan Brelow / Solange Ferrick
Diagramação: Elisa Varnel
Tradução: Nora Keltrum

Publicação e Identificação
O Poder Oculto dos Juramentos
Booklas, 2025
Categorias: Espiritualidade / Desenvolvimento Pessoal
DDC: 133.9 — Fenômenos Psíquicos e Ocultismo
CDU: 133.5 — Ocultismo. Misticismo

Todos os direitos reservados a:
Luiz Antonio dos Santos ME / Booklas
Nenhuma parte deste livro pode ser reproduzida, armazenada num sistema de recuperação ou transmitida por qualquer meio — eletrônico, mecânico, fotocópia, gravação ou outro — sem a autorização prévia e expressa do detentor dos direitos autorais.

Sumário

Prólogo 5
Índice Sistemático 8
Capítulo 1 Clamor Desesperado 12
Capítulo 2 Pactos e Votos 19
Capítulo 3 Força da Palavra 26
Capítulo 4 Barganha Espiritual 33
Capítulo 5 Laços Invisíveis 40
Capítulo 6 Vidas Passadas 46
Capítulo 7 Lei Kármica 52
Capítulo 8 Quebra de Palavra 58
Capítulo 9 Consequências Sutis 64
Capítulo 10 Culpa e Medo 70
Capítulo 11 Entidades Espirituais 76
Capítulo 12 Energias Sutis 82
Capítulo 13 Contratos Espirituais 88
Capítulo 14 Influência Oculta 94
Capítulo 15 Padrões Repetitivos 100
Capítulo 16 Autossabotagem 107
Capítulo 17 Bloqueios Emocionais 113
Capítulo 18 Limitações de Vida 119
Capítulo 19 Sombra do Passado 126
Capítulo 20 Sinais do Pacto 132

Capítulo 21   Memória Espiritual 138
Capítulo 22   Vínculos Herdados 144
Capítulo 23   Resgate do Passado 151
Capítulo 24   Autonomia Espiritual 157
Capítulo 25   Decisão Livre 163
Capítulo 26   Quebra de Laços 169
Capítulo 27   Ritual Simbólico 175
Capítulo 28   Perdão e Liberação 181
Capítulo 29   Proteção Espiritual 187
Capítulo 30   Autotransformação 193
Capítulo 31   Liberdade Espiritual 200
Capítulo 32   Caminho Adiante 206
Epílogo 212

Prólogo

Há forças em sua vida que não se explicam pela lógica. Ciclos que se repetem. Decisões que escapam ao seu controle. Emoções que surgem do nada, vínculos que parecem ter raízes em terras que você nunca pisou. Tudo isso, você já sentiu. E não, não é coincidência. Existe uma arquitetura invisível regendo o curso da sua existência — e você a construiu com sua própria voz.

A maioria das pessoas atravessa a vida sem jamais perceber que suas palavras, ditas nos instantes mais frágeis ou apaixonados, podem se tornar grilhões espirituais. Em momentos de desespero, amor, medo ou fé absoluta, firmamos compromissos. Juramentos feitos de joelhos em hospitais silenciosos, promessas lançadas ao vento em noites de angústia, votos sussurrados entre lágrimas de arrependimento. Palavras que se perdem no tempo, mas que jamais se apagam do campo sutil da alma.

Você pode nem lembrar — mas sua alma lembra. Porque essas palavras carregavam intenção. E intenção é energia. E energia... molda realidades.

Ao longo de sua jornada, quantos pactos você firmou? Quantos votos você assumiu sem compreender o alcance? Quantos "para sempre" você pronunciou? E, sobretudo, quantos você ainda carrega, invisivelmente, como correntes que limitam seu presente e sabotam seu futuro?

Este livro é mais do que uma leitura. É um portal. Um mergulho profundo no território oculto dos compromissos que você selou — e que, mesmo esquecidos, ainda governam os bastidores da sua vida. Ele revela com clareza e profundidade o funcionamento de uma engrenagem sutil que a maioria jamais percebe: a dos **juramentos espirituais, pactos emocionais, votos ancestrais** e **promessas não resolvidas**.

Aqui, cada página é uma chave. Cada capítulo, um espelho. Você não está diante de teorias abstratas, mas de verdades energéticas que explicam porque certas portas permanecem fechadas, por que certos padrões não se rompem, e por que, às vezes, o sucesso, o amor ou a paz parecem tão próximos... e ainda assim inalcançáveis.

Mais do que uma exposição, este é um manual de resgate. Você aprenderá como reconhecer os pactos que ainda reverberam em sua vida, mesmo aqueles firmados em outras existências. Descobrirá as raízes espirituais de bloqueios emocionais, repetições cármicas e sabotagens invisíveis. Sentirá, em cada palavra, a possibilidade real de cortar os fios que ligam você a compromissos obsoletos, restaurando sua liberdade espiritual.

E mais: encontrará neste texto não apenas compreensão, mas caminhos. Rituais, práticas e orientações sutis que permitem desfazer, com consciência e verdade, aquilo que um dia foi selado com dor, medo ou necessidade. Aqui, o sagrado encontra o prático. O invisível se torna claro. O que estava escondido se revela.

Este livro foi escrito para aqueles que sentem que há algo mais. Que intuem que seus sofrimentos não são apenas frutos do acaso. Que percebem, mesmo sem saber explicar, que existe uma espécie de contrato não escrito definindo seus limites — e que chegou a hora de renegociar com o universo.

Ao percorrer essas páginas, você não apenas lerá uma obra. Você será tocado por ela. Porque ela desperta, em níveis profundos, memórias da alma. Não importa se você se considera espiritualizado ou cético — este conteúdo atravessa qualquer crença. Ele fala com uma parte sua que sabe. Que sempre soube. Que apenas aguardava ser ouvida.

É hora de lembrar. De libertar. De transformar. As palavras que você pronunciou em nome da dor, da fé ou do amor não precisam mais mantê-lo prisioneiro. Elas podem ser ressignificadas, dissolvidas, transmutadas.

Se permita atravessar este portal. Desperte a consciência sobre os laços que o conectam ao invisível. E descubra, com coragem e compaixão, o imenso poder que você tem — de desfazer o que já não serve, de restaurar sua soberania e de caminhar, enfim, com leveza.

Este livro é uma bússola. Uma convocação. Um ato de cura.

Leia com o coração aberto.

A vida nunca mais será a mesma.

Luiz Santos

Editor

Índice Sistemático

Capítulo 1: Clamor Desesperado - Explora como momentos de desespero levam a promessas intensas feitas a forças superiores.

Capítulo 2: Pactos e Votos - Discute o poder da palavra humana em criar compromissos como promessas, juramentos, votos e pactos.

Capítulo 3: Força da Palavra - Analisa como palavras proferidas com intenção e emoção se tornam forças energéticas que moldam a realidade.

Capítulo 4: Barganha Espiritual - Aborda a tendência humana de negociar com o divino em momentos de aflição, oferecendo algo em troca de ajuda.

Capítulo 5: Laços Invisíveis - Descreve como pactos e votos criam conexões energéticas duradouras que influenciam a vida mesmo após serem esquecidos.

Capítulo 6: Vidas Passadas - Apresenta a ideia de que compromissos feitos em vidas anteriores podem continuar a impactar a existência atual.

Capítulo 7: Lei Kármica - Explica como a lei de causa e efeito se aplica a pactos e votos, gerando consequências e aprendizados.

Capítulo 8: Quebra de Palavra - Examina as consequências energéticas e kármicas de não cumprir promessas ou juramentos feitos.

Capítulo 9: Consequências Sutis - Detalha os efeitos energéticos ocultos da quebra de pactos, como bloqueios e formas-pensamento.

Capítulo 10: Culpa e Medo - Discute como a culpa e o medo relacionados a pactos não resolvidos funcionam como travas emocionais.

Capítulo 11: Entidades Espirituais - Explora a dinâmica dos pactos firmados com consciências não físicas, sejam elas benévolas ou não.

Capítulo 12: Energias Sutis - Aborda compromissos feitos não com entidades, mas com ideais, princípios ou egrégoras.

Capítulo 13: Contratos Espirituais - Apresenta a noção de contratos de alma pré-encarnatórios e como pactos feitos em vida se integram a eles.

Capítulo 14: Influência Oculta - Descreve como pactos esquecidos operam no subconsciente, moldando silenciosamente escolhas e reações atuais.

Capítulo 15: Padrões Repetitivos - Analisa como pactos não resolvidos podem manifestar-se através de ciclos recorrentes de eventos ou dinâmicas na vida.

Capítulo 16: Autossabotagem - Explica como a fidelidade inconsciente a um pacto antigo pode levar a comportamentos que minam os desejos atuais.

Capítulo 17: Bloqueios Emocionais - Examina como antigos compromissos podem criar barreiras internas, gerando emoções negativas persistentes.

Capítulo 18: Limitações de Vida - Detalha como pactos passados podem se traduzir em barreiras concretas na prosperidade, saúde ou relacionamentos.

Capítulo 19: Sombra do Passado - Sintetiza os efeitos dos pactos não resolvidos como uma sombra persistente que acompanha o indivíduo.

Capítulo 20: Sinais do Pacto - Orienta sobre como identificar indícios de pactos ativos na própria vida através de autoanálise e intuição.

Capítulo 21: Memória Espiritual - Discute o acesso a registros mais profundos da alma para descobrir a origem dos pactos.

Capítulo 22: Vínculos Herdados - Explora a possibilidade de influências energéticas ou kármicas provenientes de pactos feitos por ancestrais.

Capítulo 23: Resgate do Passado - Descreve o processo interior de reconexão compassiva com o momento da criação do pacto para iniciar a cura.

Capítulo 24: Autonomia Espiritual - Enfatiza a soberania da alma e o poder pessoal para modificar ou encerrar compromissos obsoletos.

Capítulo 25: Decisão Livre - Ressalta a importância da escolha consciente e firme de romper os laços como o primeiro passo efetivo da libertação.

Capítulo 26: Quebra de Laços - Apresenta técnicas energéticas, como visualizações, para cortar ou dissolver as conexões sutis dos pactos.

Capítulo 27: Ritual Simbólico - Explica o valor de realizar atos cerimoniais pessoais para ancorar a libertação no plano físico e psíquico.

Capítulo 28: Perdão e Liberação - Aborda a necessidade de liberar resíduos emocionais através do perdão para completar a cura.

Capítulo 29: Proteção Espiritual - Orienta sobre como fortalecer e cuidar do próprio campo energético após a liberação, sustentando a liberdade.

Capítulo 30: Autotransformação - Descreve os frutos do processo de liberação, como leveza, reintegração do ser e despertar de potenciais.

Capítulo 31: Liberdade Espiritual - Celebra o estado de ser desimpedido, autônomo e responsável que emerge após a dissolução dos pactos limitantes.

Capítulo 32: Caminho Adiante - Oferece orientações sobre como sustentar a liberdade conquistada e usar o discernimento em novos compromissos.

Capítulo 1
Clamor Desesperado

Há momentos em que a vida nos encurrala, empurrando-nos contra muros frios e intransponíveis. O chão parece fugir sob os pés, o ar torna-se rarefeito, e todas as portas conhecidas se fecham com um estrondo final. É nesse beco sem saída da alma, onde a lógica se dissolve e a esperança definha, que um tipo diferente de voz emerge das profundezas do ser. Não é um pedido comum, uma súplica casual lançada ao acaso. É um grito primal, um rugido arrancado das entranhas da angústia, dirigido a qualquer força, qualquer consciência, qualquer eco no vasto e silencioso universo que possa ouvir. Nesse instante de fratura existencial, quando o controle escapa por entre dedos trêmulos e o futuro se afigura como um abismo escuro, o espírito humano, em seu desamparo absoluto, recorre a um recurso ancestral: a promessa nascida do pânico, o pacto selado com lágrimas e a força última do desespero.

Imagine a cena: a luz fluorescente e impiedosa de um corredor de hospital, o bipe monótono das máquinas marcando um ritmo fúnebre, o cheiro asséptico misturado à fragrância sutil do medo. Ali, ao lado de um leito onde a vida de um ente querido se esvai como areia fina, uma pessoa dobra os joelhos, não por ritual, mas porque as pernas cedem. O olhar perdido busca algo no teto branco, nos cantos empoeirados, no vazio que parece engolir tudo. As palavras que saem são tropeçadas, roucas, carregadas de uma sinceridade brutal. "Faça-o viver", murmura, "faça-a respirar de novo, e eu... eu mudarei tudo. Deixarei meus vícios, dedicarei cada hora vaga a ajudar os outros, serei a pessoa que nunca consegui ser. Apenas... traga-o de volta". Não há testemunhas visíveis, talvez apenas o silêncio atento da noite ou a presença impalpável de algo maior, mas a intensidade daquele voto reverbera no espaço confinado, carregada pela energia crua da aflição e do amor ferido. A promessa torna-se um contrato sagrado, assinado com a alma naquele instante de vulnerabilidade extrema.

    Ou pense no homem sentado à mesa da cozinha, a cabeça entre as mãos, sob a luz fraca de uma única lâmpada. As contas se acumulam como uma avalanche de papel e números implacáveis, a notificação de despejo fria sobre a madeira gasta. A família dorme no quarto ao lado, alheia à tempestade que se avizinha. Ele sente o peso do mundo em seus ombros, a vergonha, a impotência. Em seu íntimo, uma negociação desesperada começa. "Se eu conseguir sair desta situação", jura para as sombras dançantes, "se uma solução aparecer, nunca mais cometerei os mesmos erros. Nunca mais cederei à tentação do jogo, da extravagância, do risco inconsequente. Viverei com simplicidade, com retidão. Só preciso de uma chance, uma única tábua de salvação". A promessa é feita em silêncio, mas com uma força que parece fazer vibrar o próprio ar. É uma âncora lançada na escuridão, na esperança de encontrar um fundo firme, um ponto de apoio para evitar o naufrágio iminente. Cada palavra é um tijolo na construção de um compromisso que parece transcender a mera intenção.

Até mesmo no turbilhão de um perigo súbito – um acidente iminente, a ameaça de violência, a fúria descontrolada da natureza – esse clamor pode surgir. No instante congelado onde a vida e a morte dançam perigosamente perto, a mente dispara em busca de salvação. "Se eu escapar desta, se sobreviver a isto", o pensamento ecoa como um trovão silencioso, "nunca mais reclamarei da vida, valorizarei cada segundo, farei as pazes com quem magoei. Apenas me salve!". É uma barganha instintiva, uma tentativa de oferecer algo valioso – a própria conduta futura, a gratidão eterna – em troca da continuidade da existência. A adrenalina, o pânico, a vontade avassaladora de viver amplificam a força dessa declaração interna, transformando-a num juramento poderoso, gravado a fogo na consciência naquele momento crítico.

O que leva o ser humano a acreditar que tais promessas, feitas sob a pressão esmagadora das circunstâncias, podem ter algum efeito real? Talvez seja um resquício de pensamento mágico, uma herança de tempos ancestrais onde se acreditava poder aplacar deuses furiosos com sacrifícios e votos. Talvez seja a expressão máxima da fé, a crença de que existe uma ordem superior, atenta e responsiva aos apelos mais sinceros do coração. Ou, quem sabe, seja simplesmente o reflexo da nossa necessidade intrínseca de encontrar sentido e agência mesmo quando confrontados com o caos e a impotência. Ao prometer algo, ao se comprometer solenemente, a pessoa sente que está fazendo *alguma coisa*, que está participando ativamente da resolução de seu dilema, mesmo que essa participação ocorra num plano invisível. O ato de jurar torna-se um ponto de viragem psicológica, uma afirmação de esperança contra todas as evidências.

Independentemente da explicação racional, a verdade experiencial é que esses juramentos feitos em horas críticas carregam uma carga emocional extraordinária. Não são palavras vazias. São imbuídas da energia concentrada do medo da perda, do desejo ardente de salvação, da dor profunda do desespero. Essa intensidade emocional funciona como um catalisador, conferindo às palavras um peso e uma ressonância que ultrapassam a simples comunicação verbal. É como se a própria alma estivesse empenhada naquela declaração, conferindo-lhe uma força vinculativa que a mente consciente, em momentos de calma, talvez não compreenda totalmente. O compromisso torna-se poderoso não apenas pela solenidade do ato, mas pela força vital investida nele naquele momento de crise existencial. A pessoa sente, visceralmente, que deu sua palavra de uma forma definitiva.

E aqui reside um mistério profundo, uma ideia que muitas tradições espirituais e intuitivas acenam: tais promessas, mesmo nascidas sob coação emocional, podem de fato criar vínculos energéticos reais. É como se a intensidade do momento, combinada com a força da palavra empenhada, gerasse uma assinatura no tecido sutil da realidade, uma espécie de contrato não escrito arquivado em algum nível da existência. A urgência pode passar, a crise pode ser superada – a criança pode se recuperar, a dívida pode ser paga, o perigo pode ser evitado – mas o eco daquela promessa permanece. O vínculo energético criado naquele instante de clamor não se dissolve automaticamente com a resolução do problema. Ele perdura, muitas vezes esquecido pela mente consciente, mas ativo nos bastidores da psique, como um fio invisível que continua a ligar a pessoa àquele compromisso assumido em desespero. Essa ligação sutil, embora intangível aos sentidos comuns, pode continuar a exercer uma influência silenciosa, moldando escolhas, atraindo circunstâncias ou gerando sentimentos inexplicáveis muito tempo depois que a tempestade original se acalmou.

 Esse fio invisível que persiste não é mero artifício da imaginação ou uma ilusão sentimental: ele atua como uma semente enterrada no solo profundo da consciência, à espera das condições certas para germinar. A vida pode retomar seu curso, as rotinas se reconstroem, e até mesmo a memória daquele momento de clamor pode se dissipar como névoa sob o sol. Mas algo, lá dentro, resiste. Um incômodo sutil, um ímpeto inesperado de agir com mais honestidade, um gesto de generosidade que parece surgir do nada — tudo isso pode ser a expressão do pacto antigo ainda reverberando, chamando a atenção para uma parte de nós que se comprometeu profundamente. Às vezes, a promessa retorna como um sussurro durante a insônia; outras, como um desconforto inexplicável diante de uma escolha errada. Sua presença é discreta, mas inegável, como uma bússola silenciosa que, mesmo relegada ao fundo da gaveta, continua a apontar para algo essencial.

Há também os que renegam esses compromissos assim que passam a tormenta, tentando racionalizar o que foi dito como fruto de um momento de fraqueza. E, no entanto, o descumprimento dessas promessas carrega um custo invisível: uma espécie de fissura interna, uma quebra de integridade que, mesmo ignorada, cobra seu preço em forma de desânimo, desorientação, ou uma vaga sensação de perda de si mesmo. Porque, em última instância, essas palavras ditas no auge da vulnerabilidade não são dirigidas apenas ao universo ou a alguma força transcendente — são dirigidas a uma parte íntima e verdadeira de quem as profere. Negá-las é negar essa parte. E por isso, cumprir a promessa feita na escuridão não é apenas uma questão de lealdade ao "outro" — seja divino, simbólico ou imaginado — mas uma forma de honrar a si mesmo, de resgatar a coesão interna despedaçada pela dor.

Assim, os pactos nascidos do desespero, ainda que forjados sob a pressão do caos, podem se tornar marcos fundamentais no percurso de uma vida. São como pequenos faróis que, mesmo deixados para trás, continuam a emitir sua luz tênue, orientando caminhos futuros. Cumpri-los ou não é uma escolha — mas reconhecer o peso que carregam, a profundidade de sua origem e a energia que os sustenta é, por si só, um passo rumo a uma compreensão mais ampla do que significa viver com verdade. Porque há, na essência desses votos, uma centelha de algo sagrado: o momento em que o ser humano, despido de todas as máscaras, encara o abismo e, em vez de se render ao silêncio, escolhe falar — e, ao falar, transforma-se.

Capítulo 2
Pactos e Votos

A palavra humana, essa ferramenta tão quotidiana e aparentemente banal, detém um poder latente que raramente aquilatamos em sua plenitude. Usamo-la para descrever o mundo, expressar sentimentos, partilhar ideias, mas esquecemos frequentemente sua capacidade de criar, de moldar a realidade, de vincular o próprio tecelão das palavras ao tecido de suas declarações. Quando a intenção se une à verbalização convicta, especialmente em momentos de grande significado pessoal ou sob a égide de uma emoção avassaladora, a palavra transcende seu papel comunicativo e adquire uma qualidade quase mágica, uma força que pode selar destinos e traçar caminhos na jornada da alma. É nesse território sagrado da palavra empenhada que encontramos diferentes formas de compromisso, nuances de uma mesma força primordial que nos permite firmar acordos com nós mesmos, com os outros e, por vezes, com as dimensões invisíveis da existência. Essas formas, embora distintas em sua roupagem e solenidade, partilham um núcleo comum: representam um compromisso assumido, uma energia direcionada que busca manifestação.

Talvez a mais familiar dessas formas seja a promessa. Ela habita o dia a dia, tecendo laços de confiança e expectativa nas interações humanas. Prometemos chegar na hora, devolver o livro emprestado, mudar um hábito indesejado. Muitas vezes, são declarações informais, expressões de uma intenção futura, ditas com leveza ou com profunda sinceridade. "Eu prometo que farei o meu melhor", dizemos, e nesse instante, lançamos ao universo uma pequena semente de vontade. A força de uma promessa reside grandemente na integridade de quem a profere e na energia emocional investida. Uma promessa feita de coração, mesmo que simples, carrega uma vibração de honestidade e desejo de cumprimento. Contudo, sua natureza muitas vezes mais fluida pode torná-la suscetível ao esquecimento ou à reavaliação, embora mesmo as promessas mais leves possam deixar um rastro energético, um pequeno lembrete no campo da consciência sobre a palavra dada. É um compromisso que apela à responsabilidade pessoal, um fio que tecemos entre nossa intenção presente e nossa ação futura.

Elevando o grau de solenidade, encontramos o juramento. Aqui, a palavra assume um peso maior, uma formalidade que a distingue da promessa quotidiana. Jurar implica invocar algo sagrado ou fundamental como testemunha ou garantia do compromisso. "Juro pela minha honra", "Juro por Deus", "Juro sobre este símbolo". Essas invocações conferem ao ato uma dimensão que ultrapassa o acordo interpessoal; é um alinhamento da vontade individual com um princípio maior, uma verdade considerada inviolável.

Frequentemente, os juramentos são feitos em contextos formais ou públicos – pensemos nos votos de posse de um cargo, no juramento de Hipócrates pelos médicos, ou mesmo em declarações passionais onde se jura lealdade ou vingança "até o túmulo". A própria estrutura do juramento sugere um vínculo mais forte, uma intenção de tornar a palavra irrevogável. Ele carrega consigo a ideia de que quebrá-lo não seria apenas uma falha de caráter, mas uma violação de algo mais profundo, uma quebra de confiança com a própria instância invocada como garantia. A energia de um juramento é, por natureza, mais densa, mais focada, estabelecendo um programa mais rígido na consciência de quem jura.

 Adentrando esferas mais íntimas e espirituais, deparamo-nos com o voto. Se o juramento muitas vezes se volta para fora, buscando validação ou testemunho, o voto frequentemente se direciona para dentro, para a relação do indivíduo com sua fé, seu caminho espiritual ou seus ideais mais elevados. Os votos monásticos de pobreza, castidade e obediência são exemplos clássicos, representando uma renúncia voluntária a certos aspectos da vida mundana em prol de uma dedicação espiritual total. Mas os votos não se limitam aos claustros. Uma pessoa pode fazer um voto de servir a uma causa humanitária, de seguir um determinado preceito religioso com rigor, de dedicar sua vida à busca da verdade ou da beleza. Muitas vezes, o voto está ligado a uma troca devocional: oferece-se um sacrifício pessoal, uma dedicação contínua, em busca de bênçãos, proteção ou crescimento espiritual. Há uma qualidade de entrega no voto, uma consagração da própria vida ou de parte dela a um propósito que transcende o eu imediato. Ele ressoa com uma profundidade particular na alma, pois frequentemente toca na identidade espiritual e no sentido último da existência para quem o faz.

Finalmente, chegamos ao pacto. Este termo carrega consigo a conotação mais forte de um acordo bilateral, uma negociação explícita onde há termos, condições e, frequentemente, consequências claras para o não cumprimento. Se a promessa é uma declaração de intenção e o juramento uma afirmação solene, o pacto assemelha-se a um contrato energético firme. Ele implica uma troca, um "dou para que me dês" (do ut des) estabelecido de forma mais concreta. Enquanto promessas, juramentos e votos podem ser feitos unilateralmente (a pessoa compromete-se consigo mesma ou com um ideal/divindade), o pacto sugere com mais força a existência de duas ou mais partes envolvidas no acordo. Essas partes podem ser outras pessoas, mas na perspectiva espiritualista, podem também incluir consciências não físicas – entidades, forças da natureza, energias arquetípicas. Lendas e folclore estão repletos de histórias de pactos faustianos, acordos com seres sombrios em troca de poder ou conhecimento, mas a ideia de pacto pode abranger também acordos menos dramáticos, como alianças espirituais firmadas com guias ou protetores, onde se estabelecem responsabilidades mútuas. A essência do pacto reside na clareza do acordo e na força vinculativa que ele estabelece entre os envolvidos, criando um laço energético particularmente robusto e definido.

Apesar dessas nuances que distinguem promessa, juramento, voto e pacto, uma perspectiva mais profunda revela sua unidade fundamental. Todas essas formas de compromisso são, em essência, contratos energéticos. Nascem da conjunção poderosa entre a intenção focada e a palavra emitida – seja ela falada em voz alta, sussurrada em segredo ou firmemente declarada no silêncio do coração. Ao articular um compromisso, a pessoa molda e direciona sua própria energia vital, criando um padrão vibracional, um código que se inscreve em seu campo pessoal e que tende a atrair as circunstâncias necessárias para sua manifestação ou resolução. A palavra empenhada torna-se uma força ativa, um comando dado à própria consciência e, de alguma forma misteriosa, também ao universo. É a vontade humana exercendo seu poder criador através do veículo da linguagem carregada de significado e emoção.

Essa compreensão da força intrínseca da palavra comprometida não é nova. Ao longo da história e através de diversas culturas, a palavra dada sempre foi revestida de uma aura de poder moral e místico. Desde os juramentos sagrados que selavam alianças entre tribos antigas até os votos solenes proferidos em rituais religiosos, passando pelas maldições e bênçãos que dependiam da força da palavra invocada, a humanidade intuiu e respeitou o peso dos compromissos verbais. Em muitas tradições, quebrar um juramento ou um voto era considerado um ato de grave transgressão, capaz de atrair não apenas o opróbrio social, mas também consequências espirituais ou kármicas. Essa reverência ancestral aponta para uma sabedoria inata sobre o impacto real que nossas declarações firmes podem ter, um reconhecimento de que as palavras, uma vez lançadas com intenção e convicção, tecem fios invisíveis que moldam nossa realidade interior e exterior.

É nesse contexto de reverência ancestral e impacto energético que se evidencia o verdadeiro alcance da palavra empenhada. Quando alguém firma um pacto ou profere um voto, não está apenas realizando um ato simbólico ou espiritual – está, na verdade, ativando uma engrenagem invisível que conecta dimensões internas e externas da existência. A palavra se torna uma âncora entre mundos, entre o que é e o que se pretende ser. E é por isso que tantos relatos de transformação pessoal estão entrelaçados com promessas feitas nos momentos de ruptura, com votos selados em meio ao sofrimento ou ao êxtase. A vida responde, muitas vezes de forma sutil e indireta, às palavras ditas com verdade. Elas passam a funcionar como bússolas silenciosas, guias que redirecionam o curso das ações, dos pensamentos e até das sincronicidades que se manifestam no cotidiano. Um compromisso verbal, quando autêntico, reverbera na própria estrutura da realidade, e essa ressonância persiste mesmo quando a memória consciente já não recorda suas origens.

Não se trata, portanto, de superstição ou romantismo ingênuo, mas de um mecanismo profundo de alinhamento entre a intenção e a manifestação. A palavra empenhada funciona como um ponto de fusão entre o desejo e o destino. É através dela que o ser humano dá forma ao seu livre-arbítrio, traçando com a própria voz os contornos de seu caminho. E quanto mais clara, mais carregada de emoção e mais coerente com os valores internos for essa palavra, maior será seu poder de transformação. Isso explica por que votos e pactos feitos em estados emocionais elevados – dor intensa, amor absoluto, fé inabalável – tendem a moldar a vida com uma força quase inevitável. São nesses instantes que a alma se torna permeável, que o ego cede espaço à essência, e a declaração feita ecoa como um decreto no espaço sutil. Por isso, todo compromisso verbal, por mais íntimo que seja, pede discernimento, pois carrega em si o potencial de tornar-se uma semente viva no solo do destino.

Assim, compreender e honrar o poder dos pactos, votos, promessas e juramentos é mais do que respeitar uma tradição simbólica: é reconhecer a capacidade que temos de cocriar nossas próprias experiências por meio da palavra consciente. E talvez seja esse o convite mais profundo contido nesse entendimento – que cuidemos daquilo que dizemos com intenção, que sejamos fiéis às promessas que realmente importam, e que saibamos, com humildade e coragem, rever ou revalidar nossos compromissos quando necessário. Pois a palavra que nasce do coração e é sustentada pela ação não apenas transforma o mundo ao redor, mas revela, em cada cumprimento, quem verdadeiramente somos.

Capítulo 3
Força da Palavra

As palavras flutuam no ar, dissipam-se no silêncio, preenchem páginas, mas raramente paramos para sentir seu peso real, sua substância invisível. Quando proferidas com intenção pura, com a alma inteira por trás da emissão, elas deixam de ser meros símbolos sonoros ou gráficos. Transformam-se em veículos de poder, pontes entre o mundo interior do pensamento e da vontade e a vasta tapeçaria da realidade manifesta. Especialmente quando formalizadas em promessas firmes, juramentos solenes ou votos profundos, as palavras adquirem uma força intrínseca, uma capacidade de ecoar para além do instante, de inscrever sua mensagem nas camadas sutis da existência. Não se trata apenas de psicologia ou de compromisso social; há uma dinâmica energética em jogo, uma alquimia delicada onde a consciência humana, através da linguagem, interage com as forças criativas do universo.

Ao declarar "eu prometo" ou "eu juro" com convicção genuína, não estamos apenas comunicando uma intenção. Estamos, num sentido muito real, liberando uma energia criadora específica. É como se a concentração da vontade, focada naquele ponto de compromisso, gerasse uma onda de energia direcionada, uma emissão vibracional que carrega a essência daquela decisão. Pense na diferença entre dizer casualmente "talvez eu faça isso" e afirmar com fervor "eu juro que farei". A segunda declaração mobiliza recursos internos muito mais profundos – emoção, determinação, foco mental. Essa mobilização não é apenas um evento psicológico interno; ela irradia para fora, imprimindo no campo energético pessoal e, potencialmente, no ambiente circundante, a marca daquela resolução. É um ato de co-criação, onde usamos nossa centelha divina para decretar uma realidade futura ou um estado de ser.

    A perspectiva espiritualista oferece uma chave para compreender este fenômeno: as palavras possuem vibração. Assim como as notas musicais criam diferentes harmonias e ressonâncias, as palavras carregam frequências energéticas distintas. Sons, quando articulados com intenção, tornam-se mais do que meros fonemas; funcionam como códigos, chaves que podem acessar e influenciar diferentes níveis da realidade pessoal e transpessoal. Quando formalizamos um compromisso através de palavras carregadas de significado e emoção, estamos essencialmente programando um código específico em nosso próprio sistema energético. A palavra "amor", "ódio", "perdão", "vingança", "pobreza" ou "serviço", quando embutida num juramento ou voto, não é apenas um conceito abstrato; torna-se uma nota tônica vibracional que passa a ressoar dentro de nós, atraindo ou repelindo experiências em conformidade com sua frequência. O universo, em sua inteligência intrínseca, parece responder a essas vibrações emitidas com força e clareza.

Nesse sentido, um juramento ou um voto funciona como um comando poderoso. Primeiramente, é um comando dirigido à própria consciência, tanto à mente desperta quanto às camadas mais profundas do subconsciente. Ao jurar algo solenemente, estamos instruindo nosso ser interior a alinhar-se com aquela diretriz. A mente subconsciente, que opera largamente por meio de programas e crenças estabelecidas, tende a aceitar esses comandos fervorosos como verdades operativas. Assim, o juramento instala um programa que buscará sua própria execução, influenciando pensamentos automáticos, reações emocionais e até mesmo comportamentos de forma a cumprir o decreto original. É como instalar um novo software na máquina da psique, um software que rodará silenciosamente em segundo plano, guiando as ações. Simultaneamente, esse comando parece reverberar para além do indivíduo, como um sinal emitido ao universo. É uma declaração de intenção tão potente que o campo maior da existência pode, de alguma forma, registrar e espelhar essa energia, facilitando ou dificultando caminhos de acordo com o conteúdo do juramento.

Vemos isso claramente em exemplos pungentes da experiência humana. Quantas pessoas, após uma traição devastadora, não declararam em meio a lágrimas e raiva: "Nunca mais amarei ninguém! Nunca mais confiarei!"? Essa frase, nascida da dor extrema, não é apenas um desabafo momentâneo. Ela pode cravar-se profundamente na psique, tornando-se um mantra inconsciente que rege futuras interações. A pessoa pode, anos depois, desejar um novo relacionamento, mas encontrar uma resistência interna inexplicável, uma dificuldade em se abrir, em confiar, como se uma parte de si ainda estivesse obedecendo àquele antigo decreto de fechar o coração. Da mesma forma, alguém que sobrevive a uma situação de perigo extremo e jura: "Se eu sair desta, dedicarei minha vida a ajudar os outros", pode sentir uma inquietação constante em qualquer outra carreira, um chamado persistente para cumprir aquela promessa feita em momento de aflição. A frase, dita com fervor e gratidão pela vida poupada, instalou-se como um propósito quase sagrado, uma diretriz que a alma busca honrar. Essas palavras tornam-se parte da identidade energética da pessoa, repetindo seu comando silenciosamente ao longo dos anos.

É útil visualizar cada promessa firme, cada juramento solene, cada voto sincero como uma semente energética. No momento em que as palavras são proferidas com intenção e emoção concentradas, essa semente é plantada no solo fértil da consciência e do campo energético pessoal. A convicção atua como a terra que a acolhe, a emoção como a água que a nutre. Essa semente contém todo o potencial do compromisso assumido – a natureza da promessa, as condições, as expectativas. Uma vez plantada, ela não permanece inerte. Como qualquer semente, ela possui uma tendência intrínseca a crescer, a germinar, a buscar a luz da manifestação. Mesmo que a mente consciente se esqueça do ato de plantar, a semente continua viva no nível subconsciente ou energético, aguardando as condições certas para brotar ou exercendo uma influência sutil a partir de suas raízes invisíveis.

Essa influência manifesta-se de maneiras diversas no desenrolar da vida. A semente energética de um juramento pode atrair sincronicidades, encontros ou desafios que coloquem a pessoa face a face com o tema do seu compromisso. Pode gerar sentimentos de culpa ou desconforto ao se considerar agir contra a palavra dada, mesmo que as circunstâncias tenham mudado drasticamente. Pode criar bloqueios sutis em áreas da vida que contradizem o antigo voto – por exemplo, um voto de pobreza dificultando a prosperidade, ou um juramento de lealdade eterna a alguém impedindo a formação de novos laços afetivos profundos. A força da palavra empenhada no passado continua a operar no presente, não como uma maldição inescapável, mas como uma energia ativa que busca resolução ou cumprimento. O futuro, nesse sentido, não é um território completamente virgem; ele é influenciado pelas sementes que plantamos com nossas declarações mais poderosas.

Por isso, compreender a palavra como força modeladora do destino não é um exercício de abstração poética, mas um chamado à responsabilidade consciente. Toda vez que verbalizamos uma intenção carregada de emoção e significado, estamos semeando o campo da realidade com um tipo específico de energia, que, mais cedo ou mais tarde, exigirá coerência de nossa parte. Ao declarar algo com fervor — seja em momentos de dor, euforia ou clareza espiritual — é como se deixássemos uma pegada impressa no solo invisível da existência, uma marca que nos conecta àquela versão de nós mesmos que acreditou, quis ou precisou profundamente daquela verdade dita. Ignorar isso é negligenciar a própria participação ativa nos rumos que a vida toma, como se falássemos ao vento sem reconhecer que o vento escuta e responde.

Essa percepção também nos convida a revisitar as palavras antigas que ainda vivem em nós. Nem todo voto precisa ser mantido, nem toda promessa esquecida deve ser ignorada. Às vezes, o caminho mais justo é reconhecer que um juramento feito sob circunstâncias extremas já não serve ao nosso crescimento, e então desfazê-lo com o mesmo grau de consciência com que foi firmado. O poder da palavra reside, em parte, na sua renovação constante: podemos reconsagrar, reformular, libertar. Mas para isso, é preciso escutar com atenção as vozes que ressoam no fundo do ser — aquelas frases que nos guiamos a dizer um dia, e que, ainda hoje, moldam sutilmente nossas escolhas e emoções. Fazer as pazes com esses pactos antigos, honrá-los ou reformulá-los, é um ato de soberania interna, um gesto de maturidade espiritual.

Assim, a força da palavra não está apenas na eloquência com que é dita, mas na coerência com que é vivida. Quando falamos com clareza, intenção e responsabilidade, tornamo-nos coautores conscientes de nossa existência. E, ao reconhecer o poder criador que habita em cada palavra comprometida, acessamos uma dimensão mais profunda da liberdade: a liberdade que nasce do alinhamento entre o que dizemos, o que sentimos e o que fazemos. Porque, no fim, é essa integridade vibracional que sustenta a verdadeira transformação — não como um evento repentino, mas como um caminho silencioso onde cada passo ecoa aquilo que um dia juramos ser.

Capítulo 4
Barganha Espiritual

Na encruzilhada do desespero, quando os caminhos conhecidos se mostram infrutíferos e a sombra da perda ou da ruína se agiganta, a alma humana busca instintivamente um diálogo com o invisível. Não mais apenas um clamor lancinante por socorro, mas uma tentativa de estabelecer termos, de propor uma troca, de engajar-se numa negociação com as forças que parecem reger o destino. É o impulso ancestral da barganha espiritual, um fenômeno tão antigo quanto a própria consciência da finitude e da dependência humana perante o mistério da vida. Confrontado com a própria impotência, o indivíduo recorre a uma estratégia quase comercial aplicada ao sagrado: oferecer algo de valor pessoal – uma mudança de vida, um ato de devoção, um sacrifício – em troca de intervenção divina, de um milagre, de uma reviravolta favorável na sorte. É a mente tentando encontrar lógica e ordem mesmo no caos, buscando firmar um acordo onde apenas a rendição ou a fé silenciosa pareciam possíveis.

A cena é clássica, repetida inúmeras vezes ao longo da história e nas vidas individuais. Alguém em profunda aflição, seja pela doença grave de um filho, pela ameaça iminente de falência, ou por se encontrar em perigo mortal, eleva seu pensamento ou sua voz numa proposta direta às esferas superiores. "Se curares meu filho", promete com fervor, "eu construirei uma capela em tua honra" ou "farei peregrinação anual ao teu santuário". O empresário à beira do colapso pode jurar: "Se eu conseguir salvar meu negócio, dedicarei uma parte significativa dos lucros à caridade e serei um patrão mais justo". A pessoa encurralada pela violência ou por um desastre natural pode clamar: "Salva-me desta situação, e prometo abandonar meus maus hábitos, viver retamente e servir a um propósito maior". A estrutura é clara: uma condição ("se me concederes isto...") seguida de uma oferta ("então eu farei aquilo..."). É uma tentativa de transformar a relação com o divino ou com o destino numa transação, onde a ajuda não é apenas pedida, mas comprada através de um compromisso futuro.

Esse impulso de troca, embora possa parecer ingênuo ou até presunçoso para uma mente puramente racional, é profundamente humano e compreensível. Ele nasce da sensação avassaladora de falta de controle. Quando todas as ações práticas falham, quando a ciência médica encolhe os ombros, quando as circunstâncias económicas parecem irreversíveis, a necessidade de fazer *algo* torna-se premente. A barganha oferece essa sensação de agência. Ao propor um acordo, a pessoa sente que está participando ativamente da solução, que está contribuindo com sua parte para influenciar o resultado. É um modo de canalizar a angústia e a esperança numa ação concreta, mesmo que essa ação seja um compromisso futuro assumido no plano da intenção e da palavra. Essa necessidade de estabelecer acordos com forças maiores é visível em rituais ancestrais de oferendas para garantir boas colheitas ou proteção contra inimigos, refletindo uma crença fundamental na possibilidade de interação e negociação com o cosmos.

Do ponto de vista energético e psicológico, essa barganha não é um ato inconsequente. Ela cria, de fato, um poderoso contrato psicológico e espiritual. Psicologicamente, o ato de prometer algo em troca de ajuda pode gerar um alívio imediato da ansiedade, fornecendo um foco de esperança e uma estrutura para a fé. A pessoa sente que "fez sua parte", que estabeleceu um elo com uma fonte de poder capaz de intervir. Espiritualmente, a intensidade emocional e a clareza da intenção investidas na barganha funcionam como discutido anteriormente: criam um vínculo energético, uma assinatura vibracional. A pessoa passa a acreditar firmemente que estabeleceu um compromisso não apenas consigo mesma, mas com as forças sutis que invocou – seja Deus, um santo específico, seus guias espirituais, ou simplesmente a inteligência imanente do universo. Esse contrato, mesmo que unilateralmente proposto, passa a operar na consciência do indivíduo como um acordo real e vinculativo.

As narrativas que ilustram essa dinâmica são comuns e ressoam profundamente na experiência coletiva. Quantos relatos existem de pessoas que, após escaparem milagrosamente da morte num acidente ou superarem uma doença tida como incurável, transformaram radicalmente suas vidas, dedicando-se a caminhos espirituais ou a causas altruístas? Muitas vezes, por trás dessa transformação, está um voto fervoroso feito no leito de dor ou no instante de pânico – uma barganha onde a vida foi oferecida de volta em troca da própria vida. O indivíduo sente-se não apenas grato, mas eticamente obrigado a cumprir sua parte do acordo percebido. A promessa torna-se a nova bússola moral, guiando suas escolhas e ações futuras, como pagamento de uma dívida sagrada contraída no momento de maior necessidade. Essas histórias reforçam a crença na eficácia da barganha e na seriedade dos compromissos assumidos sob tais circunstâncias.

Contudo, essa prática da barganha espiritual convida a uma reflexão mais profunda sobre seus termos não escritos e sobre a natureza das partes envolvidas. Quem, ou o quê, exatamente, está do outro lado dessa negociação? É uma entidade pessoal com desejos e expectativas, que aceita ou recusa a oferta? É a própria lei universal de causa e efeito, onde a intenção de mudança gera uma resposta correspondente? Ou será que a barganha funciona primariamente como um mecanismo psicológico que foca a energia do indivíduo, permitindo-lhe acessar recursos internos ou perceber soluções que antes estavam obscurecidas pelo desespero? E como o universo, ou a divindade, responde a essas tentativas de troca? A graça divina opera com base em méritos negociados, ou flui independentemente de nossas ofertas? Estas são questões que tocam no cerne das diferentes compreensões teológicas e espirituais. A barganha, ao tentar trazer o mistério para o terreno familiar de um acordo comercial, talvez simplifique excessivamente uma dinâmica cósmica muito mais complexa e baseada em princípios como amor incondicional, aprendizado e evolução, e não necessariamente em trocas contratuais. Os "termos não escritos" podem envolver lições de humildade, de fé genuína ou de aceitação, que transcendem a lógica da barganha em si.

A forma como a "resposta" à barganha se manifesta também é multifacetada. Às vezes, o resultado desejado acontece de forma surpreendente, reforçando a crença na eficácia do pacto. Outras vezes, a situação se resolve por meios aparentemente naturais, deixando em aberto se a barganha teve alguma influência ou se foi a própria mudança de atitude e foco do indivíduo que abriu novos caminhos. E há casos em que, apesar da promessa fervorosa, o resultado esperado não ocorre, levantando questões sobre a validade do acordo ou sobre os desígnios insondáveis do destino. Independentemente do resultado externo, o contrato interno permanece: a pessoa fez uma promessa solene, estabeleceu um vínculo energético com aquela intenção, e essa promessa buscará expressão ou resolução em sua vida.

A barganha espiritual permanece, assim, como uma expressão fascinante da condição humana: uma mescla de vulnerabilidade e audácia, de fé e cálculo, de desejo de controle e reconhecimento de forças maiores. É a tentativa de encontrar um terreno comum com o mistério, de usar a única moeda que realmente possuímos – nossa intenção, nossa palavra, nosso compromisso futuro – para negociar a própria vida.

Esse terreno, no entanto, é sutil e repleto de nuances. O risco da barganha espiritual não reside apenas em sua eventual ineficácia prática, mas no tipo de relação que se estabelece com o sagrado. Ao enxergar o divino como um ente a ser persuadido por promessas e trocas, corre-se o risco de reduzir a espiritualidade a uma ferramenta de conveniência, acionada apenas em momentos de crise. Isso não invalida a força e a legitimidade dos votos feitos no desespero, mas convida a uma ampliação da consciência: e se o que realmente transforma não for a recompensa ou o livramento obtido, mas o próprio ato de se comprometer com algo maior? A barganha pode ser o início de uma jornada, mas não o seu fim. Aquilo que é ofertado no calor do clamor pode, com o tempo, tornar-se não uma moeda de troca, mas um ponto de partida para uma mudança sincera de trajetória — e talvez esse seja seu maior poder.

Por isso, a verdadeira eficácia da barganha espiritual pode não estar em convencer o universo a mudar algo fora de nós, mas em nos reorganizar por dentro. A promessa feita com a alma em chamas grava-se no íntimo como um lembrete constante de quem desejamos nos tornar, e esse desejo, quando honrado, é capaz de redesenhar toda a estrutura de nossa experiência. A vida pode não devolver exatamente aquilo que pedimos, mas frequentemente responde ao nível de entrega que demonstramos. Ao cumprir uma promessa nascida da dor, tornamo-nos mais íntegros, mais presentes, mais conscientes. E essa integridade passa a ser, ela mesma, uma espécie de milagre: um novo eixo em torno do qual a existência começa a girar com outro ritmo, outro propósito, outra luz.

    Assim, a barganha espiritual, mais do que uma tentativa de suborno divino, é um espelho que revela a profundidade do nosso desejo por transformação. Não se trata de obter favores do alto, mas de redescobrir, no próprio ato de prometer, a força esquecida da vontade alinhada ao coração. Mesmo quando a resposta não vem como se esperava, algo se move, algo é semeado. Porque o que realmente está em jogo não é apenas o cumprimento de uma condição, mas a oportunidade de fazer da palavra empenhada um ponto de reconexão entre a alma e o mistério que a sustenta. E essa reconexão, quando sincera, tem o poder de nos devolver a nós mesmos.

Capítulo 5
Laços Invisíveis

Cada palavra empenhada com fervor, cada promessa selada na forja da emoção intensa, cada voto proferido com a alma exposta, não se desvanece simplesmente no éter após o som se extinguir. Essas declarações de compromisso, como vimos, carregam uma energia criadora, uma assinatura vibracional que se inscreve na tapeçaria sutil da existência. Mas sua influência vai além de um mero eco momentâneo ou de um programa mental. Cada um desses pactos, votos e juramentos tece um fio, um laço invisível que conecta energeticamente o indivíduo à substância de seu compromisso. É um vínculo etéreo, impalpável aos sentidos comuns, mas dotado de uma tenacidade e uma força surpreendentes, capaz de perdurar muito além das circunstâncias que o originaram, atuando silenciosamente nos bastidores da vida.

Imagine esses laços como filamentos luminosos ou sombrios, dependendo da natureza do compromisso, que se estendem da essência da pessoa até o objeto de sua promessa. Se alguém jurou lealdade eterna a uma causa, um fio energético conecta seu coração àquela ideia-força. Se prometeu nunca mais confiar após uma mágoa profunda, um laço sutil pode ligá-lo àquela dor e àquela decisão, mantendo-o energeticamente atado à desconfiança. Se fez um voto de pobreza em troca de uma graça divina, um vínculo pode persistir, conectando sua energia à vibração da escassez. Esses laços não são metáforas poéticas; numa perspectiva espiritualista, são considerados estruturas energéticas reais, existentes no campo sutil que interpenetra e sustenta a realidade física. Sua invisibilidade para os olhos físicos não diminui em nada sua operacionalidade e influência.

Uma das características mais intrigantes desses laços é sua capacidade de persistir independentemente da memória consciente. Um juramento feito na infância, num momento de medo ou fantasia intensa, pode ter sido completamente esquecido pela mente adulta. Uma promessa apaixonada trocada na juventude pode ter se perdido nas brumas do tempo e das experiências subsequentes. No entanto, o laço energético criado naquele momento pode continuar ativo, vibrante, exercendo sua influência a partir das camadas mais profundas do ser. Ele funciona como um contrato arquivado numa gaveta esquecida do subconsciente, ou, numa visão mais ampla, registrado no que algumas tradições chamam de registro akáshico – uma espécie de biblioteca cósmica ou memória da alma onde todas as ações, pensamentos e intenções ficam gravados. Ali, o registro do pacto permanece, e o laço energético associado a ele continua a conectar a alma àquele antigo decreto, independentemente do tempo ou das vidas que se passaram.

Essa persistência "nos bastidores" é o que torna esses laços tão significativos e, por vezes, tão problemáticos. Um juramento feito há décadas – ou mesmo, como exploraremos adiante, em existências passadas – pode estar moldando ativamente pensamentos, emoções e comportamentos na vida atual, sem que a pessoa tenha a menor ideia da sua origem. Alguém pode sentir uma aversão inexplicável a certas situações, uma dificuldade crônica em determinada área da vida, ou um padrão de relacionamento que se repete dolorosamente, e a raiz pode estar num laço invisível atado a um compromisso esquecido. O vínculo sutil mantém a pessoa energeticamente conectada ao objeto ou à condição prometida, criando uma ressonância constante que atrai ou sustenta circunstâncias alinhadas com o voto original. É como ter uma bússola interna que, sem que se perceba, continua apontando para uma direção definida no passado.

A comparação com uma corrente invisível é bastante apropriada. Imagine alguém que, numa vida anterior ou num momento de fervor idealista na juventude, jurou lealdade eterna a um determinado ideal político ou filosófico. Anos mais tarde, suas experiências e reflexões podem levá-lo a questionar esse ideal, a desejar explorar novos caminhos de pensamento ou ação. No entanto, ele pode sentir uma resistência interna enorme, uma dificuldade em se desvencilhar das antigas crenças, uma sensação de culpa ou traição ao contemplar a mudança. É como se algo o prendesse, uma força invisível que o puxa de volta para a antiga lealdade. Essa força pode ser o laço energético criado pelo juramento original, a corrente invisível que ainda o mantém atado àquele mastro ideológico. Da mesma forma, um voto de castidade feito em outra época, ou mesmo uma promessa de nunca mais se entregar ao amor após um trauma, pode funcionar como uma corrente que impede a pessoa de vivenciar relacionamentos íntimos saudáveis no presente, mesmo que conscientemente deseje o contrário.

É crucial compreender que, apesar de sua natureza intangível, esses laços possuem força real. Não são meras construções psicológicas ou fantasias. A energia investida no momento do compromisso, cristalizada na forma de um vínculo sutil, continua a operar e a influenciar a dinâmica energética da pessoa. Essa força pode manifestar-se como bloqueios, limitações, padrões repetitivos, ou até mesmo como uma sensação difusa de peso ou de não pertencimento. Ignorar a possibilidade da existência desses laços é como tentar navegar um barco sem considerar as correntes submarinas – podemos remar com toda a força na direção desejada, mas sermos constantemente desviados por forças ocultas que não compreendemos.

Por isso, o reconhecimento da existência potencial desses vínculos invisíveis é um passo fundamental na jornada de autoconhecimento e libertação espiritual. Enquanto não admitirmos que podemos estar energeticamente atados a compromissos passados, continuaremos a atribuir nossas dificuldades apenas a fatores externos, ao azar, ou a falhas de caráter. Ao abrir a mente para a possibilidade de que laços sutis, tecidos por nossas próprias palavras e intenções em algum momento do tempo, possam estar influenciando nossa realidade presente, ganhamos uma nova perspectiva.

Começamos a olhar para nossos desafios não como sentenças imutáveis, mas como possíveis efeitos de causas que podem ser identificadas e, mais importante, transformadas.

Essa transformação, no entanto, não se dá pela simples negação ou pelo esquecimento deliberado dos pactos antigos. É necessário um processo consciente de revisão e, muitas vezes, de liberação desses laços invisíveis. Assim como um contrato legal exige atenção para ser desfeito, os vínculos energéticos requerem presença, intenção e, acima de tudo, verdade. Quando nos debruçamos com honestidade sobre as promessas que fizemos — mesmo aquelas que julgávamos enterradas no passado — começamos a resgatar o poder que elas ainda exercem sobre nós. Em alguns casos, basta reconhecer e reafirmar o compromisso com consciência renovada. Em outros, é preciso realizar um ato interno ou ritualístico de revogação, uma espécie de reconciliação entre a parte que prometeu e a parte que hoje deseja seguir em outra direção. O ato simbólico, quando carregado de verdade emocional, possui a capacidade de romper ou reconfigurar o fio energético original.

Esse trabalho de desvinculação não é um rompimento violento, mas um ato de integração. Ao invés de cortar os laços com desprezo ou rejeição, o caminho mais eficaz é aquele em que se acolhe a intenção original com compaixão, compreendendo o contexto emocional e espiritual em que aquele compromisso foi firmado. O objetivo não é negar quem fomos, mas libertar quem nos tornamos. Um voto feito por amor, medo ou devoção não precisa ser desprezado — ele pode ser honrado como um passo necessário da jornada, e então, conscientemente, ser transmutado. A energia antes presa ao laço pode, assim, ser redirecionada para novas criações, novos compromissos, mais condizentes com os valores e desejos do presente. Ao fazer isso, recuperamos fragmentos de nossa energia vital que estavam dispersos ou aprisionados, fortalecendo nossa autonomia espiritual.

    Liberar-se de um laço invisível não é esquecer o que se foi, mas permitir que a própria história seja reescrita com liberdade e clareza. É reconhecer que aquilo que um dia serviu como farol pode hoje funcionar como âncora, e que ambas as funções, embora opostas, merecem igual respeito. No final, os laços invisíveis revelam-se como pontes entre o passado e o presente — pontes que, quando atravessadas com consciência, nos levam de volta à inteireza. E é nesse reencontro com o próprio centro que finalmente nos tornamos aptos a fazer novos votos, mais livres, mais lúcidos e mais alinhados com a verdade que agora pulsa viva em nosso ser.

Capítulo 6
Vidas Passadas

Os laços invisíveis que tecemos com nossas palavras e intenções, como vimos, possuem uma tenacidade que desafia o tempo e a memória consciente. Mas até onde se estende essa persistência? Se um voto feito na infância pode ecoar na vida adulta, seria possível que compromissos ainda mais antigos, forjados em contextos e épocas que nossa mente atual desconhece, ainda exerçam sua força sobre nós? Para explorar essa possibilidade intrigante, somos convidados a alargar nossa perspectiva sobre a própria natureza da identidade e da jornada humana, contemplando a visão de que nossa existência atual pode ser apenas um capítulo numa longa saga da alma, uma jornada através de múltiplas vidas. A ideia da reencarnação, presente em tantas culturas e tradições espirituais ao redor do globo, oferece um quadro fascinante para compreender a origem de certas influências e padrões que parecem não ter explicação lógica dentro dos limites de uma única biografia.

Nessa visão ampliada, a consciência espiritual – a alma, o eu superior, a essência imortal – é a viajante perene que transita por diferentes corpos e experiências ao longo dos séulos. A cada nova encarnação, ela traz consigo uma bagagem acumulada: os aprendizados conquistados, as tendências de personalidade desenvolvidas, as dívidas kármicas a serem resolvidas e, crucialmente para nossa investigação, os resquícios energéticos de compromissos solenes assumidos em vidas anteriores. Juramentos antigos, votos feitos sob circunstâncias dramáticas, pactos selados em épocas remotas – tudo isso pode permanecer gravado na memória profunda da alma, continuando a vibrar e a influenciar a jornada muito tempo depois que o cenário original desapareceu. A personalidade atual pode não ter lembrança consciente dessas vidas passadas, mas a alma recorda, e sua bagagem energética sutil molda, de maneiras misteriosas, a experiência presente.

    Imaginemos as inúmeras possibilidades contidas na vastidão da história humana. Pensemos num monge recluso num convento medieval, dedicando sua existência a Deus através de votos rigorosos de pobreza, obediência e silêncio. A sinceridade e a disciplina com que viveu esses votos podem ter gerado uma forte impressão energética em sua alma, uma assinatura de renúncia e austeridade. Ou visualizemos um guerreiro tribal numa era de conflitos constantes, jurando vingança eterna contra o clã que dizimou sua família, um juramento selado com sangue e ódio. A intensidade dessa promessa de retaliação pode ter criado um vínculo energético poderoso com a vibração da hostilidade e da perda. Consideremos também dois amantes em tempos de guerra ou de proibições sociais, fazendo uma promessa solene de amor eterno, jurando que suas almas se reencontrariam e permaneceriam unidas para sempre, mesmo diante da separação trágica imposta pelo destino. Esse voto apaixonado pode ter tecido um laço fortíssimo entre suas essências espirituais. Esses são apenas vislumbres de dramas humanos onde juramentos e votos podem ter sido proferidos com uma força capaz de ecoar através das eras.

    Esses compromissos passados, como já sugerido, ficam registrados na memória intrínseca da alma, muitas vezes referida como os registros akáshicos ou o livro da vida. Não são meras lembranças passivas; são matrizes energéticas ativas que reverberam através do tempo. A energia investida no voto original continua a buscar expressão ou resolução. Assim, a alma pode ser atraída, vida após vida, para circunstâncias que espelham ou desafiam aquele antigo compromisso, até que a lição seja aprendida ou o vínculo seja conscientemente desfeito. O voto de pobreza do monge pode manifestar-se hoje como uma dificuldade inexplicável em lidar com dinheiro, uma autossabotagem inconsciente sempre que a prosperidade parece ao alcance, mesmo que a pessoa lute arduamente para ter sucesso financeiro. O juramento de vingança do guerreiro pode traduzir-se numa tendência a atrair conflitos, a guardar ressentimentos profundos ou a ter explosões de raiva desproporcionais, sem uma causa aparente na vida atual. A promessa de amor eterno dos amantes pode resultar, hoje, numa sensação persistente de que falta alguém, numa dificuldade em se entregar a novos relacionamentos, ou na atração recorrente por parceiros que, de alguma forma, espelham a dinâmica daquele amor antigo e talvez impossível.

A beleza e a complexidade dessa perspectiva residem em sua capacidade de oferecer sentido a desafios que, de outra forma, pareceriam aleatórios ou injustos. Por que alguém tão bondoso e trabalhador enfrenta tantas dificuldades financeiras? Por que uma pessoa tão ávida por amor parece fadada à solidão ou a relações dolorosas? Por que certos medos ou bloqueios persistem apesar de anos de terapia convencional? A possibilidade de que estejamos sob a influência de laços transpostos de outras vidas abre uma nova dimensão de compreensão. Não se trata de encontrar desculpas ou de adotar uma postura fatalista, mas sim de reconhecer que nossa história é muito mais vasta e profunda do que imaginamos, e que as raízes de nossos desafios presentes podem estar fincadas em solos muito antigos.

Compreender a possibilidade de que pactos e votos possam atravessar encarnações alarga imensamente nossa visão sobre nós mesmos e sobre os mecanismos da jornada espiritual. Percebemos que não somos apenas o produto de nossa genética e de nossa criação nesta vida, mas também o resultado de uma longa peregrinação da alma, com suas escolhas, seus aprendizados e seus compromissos acumulados. Essa consciência expandida é profundamente libertadora, pois nos permite investigar as camadas mais profundas de nosso ser em busca das origens de nossos padrões limitantes. Ela nos prepara para o trabalho de identificação e eventual liberação desses vínculos ancestrais, não como uma tarefa árdua, mas como um ato de resgate amoroso de nossa própria história completa.

Essa jornada de resgate amoroso não exige que revivamos o sofrimento de cada história passada, mas que nos tornemos conscientes das forças silenciosas que moldam nossas escolhas e emoções. Ao reconhecermos esses vínculos invisíveis, damos o primeiro passo para transformá-los. A cura não está apenas na lembrança de quem fomos, mas na sabedoria de quem escolhemos ser agora. O reencontro com antigos votos não precisa ser uma condenação — pode ser uma oportunidade para reescrever o enredo. Quando olhamos para nossos desafios com esse olhar compassivo e abrangente, somos capazes de desfazer os nós do destino com delicadeza e intenção clara.

Cada reconhecimento é como uma chave que abre as portas do inconsciente, permitindo que fragmentos aprisionados do nosso ser retornem ao fluxo natural da vida. A linguagem da alma, diferente da lógica linear, se expressa por meio de sensações sutis, sincronicidades e intuições que, se acolhidas, guiam-nos por um caminho de reintegração. Ao acessarmos esses registros internos, começamos a perceber que nossa realidade atual não é apenas um reflexo do que vivemos aqui e agora, mas o ponto de confluência de muitas linhas do tempo, todas entrelaçadas pela busca do aprendizado, do equilíbrio e do amor. Nessa perspectiva, até os encontros mais breves podem carregar uma carga ancestral, e cada escolha pode se tornar um ponto de virada rumo à liberdade.

Com isso, assumimos um novo papel diante da própria existência: deixamos de ser vítimas das circunstâncias para nos tornarmos curadores conscientes da própria trajetória. A consciência dos votos antigos não é uma prisão, mas um convite à liberdade verdadeira — aquela que nasce do autoconhecimento profundo e do comprometimento com a evolução do espírito. Ao trazermos à luz essas raízes ocultas, abrimos espaço para novos começos, mais leves, mais conscientes, onde os laços do passado não mais nos aprisionam, mas servem como trampolim para uma vivência mais plena, autêntica e alinhada ao propósito da alma.

Capítulo 7
Lei Kármica

A jornada da alma, com seus compromissos assumidos e seus laços tecidos através do tempo, não se desenrola num vácuo de aleatoriedade. Assim como o universo físico obedece a leis precisas que governam o movimento dos astros e a interação da matéria, também o universo moral e espiritual parece operar sob princípios ordenadores, leis sutis que garantem um equilíbrio dinâmico e um propósito evolutivo a todas as experiências. Dentre essas leis universais, talvez a mais fundamental e amplamente reconhecida, embora muitas vezes mal compreendida, seja a lei do karma, o princípio inexorável de causa e efeito. Compreender essa lei é essencial para apreender a verdadeira profundidade e as consequências duradouras dos pactos, votos e juramentos que fazemos, pois cada um desses atos de compromisso se insere perfeitamente nessa vasta engrenagem cósmica de ação e reação.

Em sua essência, a lei kármica postula que toda ação intencional gera uma consequência correspondente. Não se trata de um sistema de recompensas e castigos administrado por uma entidade externa julgadora, mas sim de uma lei natural de equilíbrio energético, tão impessoal e confiável quanto a lei da gravidade. Cada pensamento que cultivamos, cada palavra que proferimos, cada ato que realizamos com uma intenção definida – tudo isso é uma causa que, inevitavelmente, produzirá um efeito de natureza semelhante. A energia que emitimos ao universo, em qualquer forma, retorna para nós, moldando nossas experiências futuras e tecendo a complexa tapeçaria de nosso destino pessoal. É um mecanismo de aprendizado contínuo, onde colhemos precisamente aquilo que semeamos.

Nesse contexto, a formulação de um pacto, um juramento ou um voto assume uma importância kármica significativa. Como exploramos, esses atos são carregados de intenção concentrada e força emocional, tornando-os causas particularmente potentes lançadas no campo da existência. Quando alguém faz um voto solene, está criando uma causa específica, está emitindo uma frequência vibracional clara que se propaga pelo universo. A energia daquela promessa, daquele compromisso, começa imediatamente a buscar sua manifestação, sua realização. O ato de firmar o compromisso é a causa inicial.

As consequências, os efeitos kármicos, desdobram-se a partir da forma como lidamos com essa causa que criamos. Se o compromisso é honrado, se a promessa é cumprida com integridade, o ciclo energético tende a se completar de forma harmoniosa. A energia emitida encontra sua resolução, e o efeito pode ser um aprendizado consolidado, um fortalecimento do caráter, ou mesmo o que percebemos como "bênçãos" ou circunstâncias favoráveis alinhadas com a natureza positiva do voto cumprido. No entanto, se o pacto é quebrado, se o juramento é violado, se o voto é negligenciado ou abandonado sem uma resolução consciente, a situação energética torna-se mais complexa. A causa inicial permanece, mas a energia emitida fica bloqueada, incapaz de completar seu circuito natural.

É aqui que surge a noção de uma dívida espiritual. Segundo a lei kármica, um juramento não cumprido ou um pacto rompido pode gerar um desequilíbrio energético que precisa ser restaurado. A energia da promessa, ainda buscando realização, permanece ativa no campo da alma como uma pendência, uma espécie de débito energético. Não se trata de uma dívida financeira ou de uma punição divina no sentido humano, mas sim de uma energia dissonante que clama por harmonização, uma tarefa inacabada que a alma reconhece em seu nível mais profundo. Essa "dívida" representa a energia e a intenção que foram colocadas em movimento, mas que não encontraram seu desfecho apropriado.

Enquanto essa dívida espiritual não for quitada – seja pelo cumprimento eventual do prometido (mesmo que de forma simbólica ou adaptada às novas circunstâncias), seja pela compreensão profunda da lição envolvida, ou por um ato consciente de liberação e perdão que neutralize a energia pendente – a pessoa pode encontrar-se repetidamente atraindo situações que a confrontem com o tema central daquele antigo juramento. A lei do karma, em sua sabedoria intrínseca, tende a nos apresentar espelhos de nossas próprias causas não resolvidas. Assim, alguém que quebrou um voto de lealdade pode atrair repetidamente situações de traição (seja como vítima ou perpetrador) até que compreenda a profundidade da confiança e da integridade. Alguém que não cumpriu uma promessa de dedicar-se a ajudar os necessitados pode sentir um vazio interior ou enfrentar circunstâncias que o forcem a confrontar seu egoísmo, até que a lição sobre compaixão e serviço seja assimilada. Essas situações não são castigos, mas sim lembretes, oportunidades cuidadosamente orquestradas pela própria alma em conjunto com a lei kármica para revisitar a questão, compreender as consequências da palavra dada e, finalmente, restaurar o equilíbrio.

Isso nos leva ao aspecto mais crucial e libertador da compreensão do karma: sua natureza fundamentalmente educativa. Longe de ser uma força punitiva e vingativa, o karma é um professor paciente e perfeito. Seu objetivo último não é o sofrimento, mas o aprendizado, a evolução da consciência, o despertar para a responsabilidade por nossos próprios atos, pensamentos e palavras. Se um pacto foi quebrado por ignorância, medo ou fraqueza, a alma pode escolher, em sua jornada evolutiva, experienciar circunstâncias desafiadoras relacionadas àquele tema, não para ser punida, mas para desenvolver as qualidades que faltaram – a força de vontade, a clareza, a compaixão, a integridade. Cada desafio enfrentado torna-se uma aula prática sobre as implicações de nossos compromissos e sobre a importância sagrada da palavra empenhada. A dor que pode surgir nesse processo não é um fim em si mesma, mas um catalisador para a transformação e o crescimento.

Portanto, os pactos, votos e juramentos, com todas as suas complexas ramificações energéticas e psicológicas, inserem-se num contexto muito maior de harmonia universal. Cada compromisso que assumimos é uma nota que adicionamos à sinfonia cósmica. A lei do karma funciona como o maestro invisível que assegura que cada nota, eventualmente, encontre seu lugar na harmonia geral. Ela garante que cada causa produza seu efeito correspondente, que cada desequilíbrio seja eventualmente corrigido, que cada lição seja apresentada até ser aprendida.

Reconhecer essa harmonia profunda que permeia a atuação da lei kármica é, ao mesmo tempo, um convite à humildade e à responsabilidade. Não somos peças passivas de um jogo cósmico arbitrário, mas cocriadores atentos de cada passo de nossa jornada evolutiva. Cada escolha, por mais sutil que pareça, reverbera em camadas que ultrapassam a existência atual, revelando o poder latente que carregamos ao falar, agir e decidir. Assim, tornar-se consciente da dimensão kármica dos compromissos assumidos é despertar para uma ética espiritual mais refinada, onde a integridade da intenção vale tanto quanto o ato em si, e onde cada palavra empenhada se torna semente de experiências futuras.

Essa consciência desperta uma nova forma de lidar com os desafios da vida. Em vez de lamentar os obstáculos ou resistir às dores, passamos a encará-los como revelações de conteúdos internos que pedem reconhecimento e cura. Muitas vezes, os ciclos repetitivos de sofrimento ou frustração são apenas o reflexo de promessas mal compreendidas ou mal encerradas, ecoando até serem reintegradas com sabedoria. Compreender isso nos permite agir com mais compaixão por nós mesmos e pelos outros, sabendo que cada ser carrega em sua alma histórias não ditas, pactos silenciosos que moldam comportamentos e sentimentos de forma inconsciente. Desse modo, a lei do karma não só revela, como também guia, oferecendo uma rota segura para a liberação e o realinhamento com nossa essência mais verdadeira.

    Quando aceitamos a responsabilidade por aquilo que criamos – consciente ou inconscientemente – damos um passo decisivo em direção à liberdade. A lei kármica, longe de aprisionar, aponta o caminho da autorregulação do espírito, onde cada desequilíbrio pode ser restaurado pelo amor, pela verdade e pelo arrependimento sincero. Com esse entendimento, cada voto não cumprido deixa de ser uma maldição e passa a ser uma oportunidade de reconexão com a própria luz. Afinal, o verdadeiro propósito do karma não é castigar, mas ensinar a arte de viver com consciência, reverência e coerência, como quem aprende, nota a nota, a tocar com alma a melodia da vida.

Capítulo 8
Quebra de Palavra

A palavra empenhada, como um selo gravado na cera mole da alma, carrega consigo o peso da intenção e a força do compromisso. Vimos como ela pode criar laços, direcionar energias e até mesmo ecoar através das vidas, inserindo-se na grande lei de causa e efeito que rege a jornada espiritual. Mas o que ocorre quando essa palavra sagrada é quebrada? O que acontece no nível sutil quando um pacto não é cumprido, um juramento é violado, ou uma promessa fervorosa é deixada ao esquecimento? A fragilidade humana, as circunstâncias imprevistas da vida, a mudança de coração ou simplesmente o passar do tempo podem levar ao não cumprimento de compromissos outrora assumidos com grande solenidade. Independentemente das razões, que podem variar do inevitável ao negligente, a quebra da palavra dada reverbera profundamente no ser, gerando consequências energéticas e kármicas que merecem ser compreendidas não com temor, mas com clareza e responsabilidade.

Quando alguém rompe um compromisso considerado sagrado – seja ele feito a si mesmo, a outra pessoa, a uma divindade ou a um ideal – desencadeia-se um processo de desalinhamento energético interno.

Pense nisso como uma dissonância vibracional. A energia inicial, carregada de intenção e emoção, que foi emitida no momento do juramento, criou um padrão específico, uma espécie de matriz energética para o futuro. Quando as ações ou a vontade presente se desviam radicalmente desse padrão original sem uma resolução consciente, instala-se um conflito. A energia do "eu juro que farei" colide com a energia do "eu não fiz" ou "eu não farei mais". Essa fricção interna, esse desalinhamento entre a intenção firmada e a realidade vivida, não é apenas uma questão abstrata; ela pode manifestar-se palpavelmente na experiência do indivíduo.

Essa dissonância interna frequentemente se traduz em estados emocionais perturbadores, mesmo que sua origem não seja conscientemente reconhecida. Sentimentos difusos de culpa, uma sensação incômoda de ter falhado em algo importante, um remorso que parece não ter causa aparente, ou mesmo um medo sutil de punição ou de consequências negativas podem emergir. A alma, em seu nível mais profundo, reconhece a incongruência, a falta de integridade entre a palavra dada e a ação (ou inação) subsequente. Mesmo que a mente racionalize ou esqueça o compromisso original, a consciência sutil registra a quebra do acordo, e essa percepção pode vazar para a superfície como ansiedade, peso no coração ou uma autocrítica persistente. A pessoa pode sentir-se indigna de felicidade ou sucesso, como se estivesse inconscientemente se punindo por ter "faltado com a palavra".

Além do desalinhamento interno, a visão espiritualista sugere que o não cumprimento de um pacto ou voto deixa uma espécie de "ponta solta" no campo energético do indivíduo. O laço invisível criado pelo compromisso não foi nem honrado nem adequadamente dissolvido; ele permanece como um fio desencapado, uma energia pendente que busca resolução. Essa ponta solta pode funcionar como um ponto de vulnerabilidade ou como um atrator energético. Como um circuito aberto que busca fechar-se, essa energia não resolvida pode sutilmente atrair para a vida da pessoa experiências, relacionamentos ou desafios que espelham o tema central da promessa quebrada. É como se a vida, operando sob a égide da lei kármica de aprendizado, estivesse constantemente oferecendo novas oportunidades para revisitar a questão, para confrontar a energia daquele compromisso não honrado e, finalmente, encontrar uma forma de resolução ou integração. A repetição de certos padrões dolorosos ou limitantes pode, em alguns casos, ser um sinal da existência dessas pontas soltas, desses assuntos inacabados no nível da alma.

  Essa dinâmica está intimamente ligada à noção de débito kármico. Como vimos, a lei de causa e efeito busca equilíbrio. A quebra de um juramento significativo é uma causa que gera um efeito de desequilíbrio. Esse desequilíbrio pode ser entendido como uma lição pendente, uma área onde a alma ainda precisa desenvolver maior compreensão, integridade ou responsabilidade. O "débito" não é para com uma entidade externa, mas para consigo mesma, para com a própria jornada evolutiva. A alma carrega essa lição não aprendida adiante, e a lei kármica providenciará as circunstâncias necessárias – nesta vida ou em futuras – para que a lição seja eventualmente assimilada. Quebrar a palavra empenhada pode, portanto, inscrever no currículo da alma a necessidade de aprender sobre as consequências da falta de integridade, sobre o valor da confiança ou sobre o poder contido nas próprias declarações. As dificuldades enfrentadas posteriormente podem ser vistas como as "aulas práticas" designadas para ensinar essa lição pendente.

É fundamental reiterar que a exploração dessas consequências não tem como objetivo amedrontar ou sobrecarregar ninguém com culpa adicional. Pelo contrário, a intenção é iluminar a profunda seriedade com que muitas tradições espirituais encaram a palavra dada e a importância da integridade pessoal na jornada da alma. Compreender que nossos compromissos têm peso energético e consequências kármicas nos convida a uma maior consciência e responsabilidade ao fazê-los. E, mais importante ainda, revela que as dificuldades que podemos enfrentar como resultado de promessas quebradas não são becos sem saída, mas sim convites para o crescimento, para a reparação e para o restabelecimento do equilíbrio interior. Reconhecer a possível ligação entre um desafio presente e um compromisso passado não cumprido é o primeiro passo para buscar ativamente a harmonização, seja através do perdão, da compreensão, de atos reparadores ou de uma liberação consciente e amorosa daquele antigo vínculo.

Esse processo de harmonização não exige necessariamente que a promessa seja cumprida nos moldes exatos em que foi feita, sobretudo quando as circunstâncias da vida tornaram tal cumprimento inviável ou mesmo contraproducente. O que se pede da alma é autenticidade na revisão de seus compromissos e sinceridade na intenção de restaurar a integridade interna. Muitas vezes, uma nova escolha consciente, alinhada com o bem maior e com os valores amadurecidos ao longo da caminhada, pode servir como resposta curativa à promessa rompida. O ato simbólico de reconhecer a quebra, refletir sobre suas causas e liberar amorosamente aquela energia retida já é, por si só, um gesto de profunda responsabilidade espiritual, capaz de selar novamente o campo energético com coerência e leveza.

Algumas tradições indicam práticas específicas para lidar com esses vínculos rompidos, como rituais de perdão, meditações de liberação, cartas nunca enviadas ou até simples momentos de recolhimento em que se declara, com o coração presente, a intenção de desfazer aquele pacto de forma consciente e pacífica. Tais gestos, por mais sutis que pareçam, possuem o poder de reorientar o fluxo energético que havia sido interrompido. Eles restauram não apenas o equilíbrio no campo da alma, mas também devolvem à pessoa uma sensação de dignidade e coerência interna, como se o peso da promessa quebrada deixasse de ser um fardo inconsciente para tornar-se um marco de aprendizado e renovação. Em vez de carregar o estigma do erro, a alma passa a vibrar na frequência da responsabilidade transformadora.

Assim, a quebra da palavra não precisa marcar o início de um ciclo de dor, mas pode representar o limiar de uma nova etapa: mais lúcida, mais compassiva e profundamente reconciliada com a verdade interior. Quando a intenção sincera se alia à compreensão do impacto das próprias ações, o que antes era ponto de fratura torna-se ponto de inflexão. E é nesse gesto humilde e poderoso de reconhecer e integrar nossas falhas que a jornada da alma se fortalece, abrindo espaço para novos compromissos — agora mais maduros, conscientes e alinhados com a luz que, silenciosa, sempre nos chama de volta para casa.

Capítulo 9
Consequências Sutis

A quebra de uma palavra empenhada, como vimos, gera ondas de choque que se propagam para além do ato em si, criando desalinhamentos internos e semeando lições kármicas na jornada da alma. Contudo, as repercussões não se limitam às esferas morais, emocionais ou aos padrões de eventos que se repetem na vida. Existem consequências ainda mais elusivas, mais profundas, que operam silenciosamente nos bastidores da nossa constituição energética e espiritual. São efeitos sutis e invisíveis que, justamente por sua natureza oculta, podem ser particularmente persistentes e desafiadores, minando nosso bem-estar e nossa capacidade de expressão plena sem que sequer suspeitemos de sua origem num antigo compromisso não resolvido. Mergulhar nessas camadas mais profundas é essencial para uma compreensão completa do impacto dos pactos e votos em nossa existência.

Uma das consequências mais significativas no plano energético é a criação de bloqueios. Imagine a energia vital, o prana, o chi – essa força subtil que anima nosso corpo e nossa consciência – fluindo harmoniosamente através de canais invisíveis, nutrindo cada aspecto do nosso ser. Um compromisso rompido, especialmente um que foi carregado de forte intenção ou emoção, pode agir como uma represa nesse fluxo vital. Parte da energia que foi originalmente investida na promessa fica "presa" ou estagnada, incapaz de seguir seu curso natural porque o circuito do compromisso não foi completado nem desfeito adequadamente. Forma-se um ponto de congestão, um nó energético que impede a livre circulação da força vital naquela área específica do nosso sistema.

Esses bloqueios energéticos sutis, embora não detectáveis por exames convencionais, podem ter efeitos difusos e abrangentes em diversas áreas da vida. Alguém pode sentir sua evolução espiritual emperrada, uma dificuldade em meditar profundamente ou em acessar sua intuição, como se um véu opaco o separasse das dimensões mais elevadas – talvez a energia necessária para essa conexão esteja estagnada num antigo voto de renúncia mal resolvido. Outra pessoa pode ver seus projetos mais queridos misteriosamente paralisados, encontrando obstáculos inexplicáveis justamente quando tudo parecia ir bem – quem sabe, a energia da manifestação esteja bloqueada por um pacto inconsciente de autossacrifício. Até mesmo a clareza mental pode ser afetada; uma névoa persistente, dificuldade de concentração ou indecisão crônica podem ser sintomas de energia mental presa a um juramento passado que gera conflito interno. A causa aparente pode ser inexistente, mas a raiz energética reside naquele ponto de estagnação criado pelo compromisso rompido.

Adentrando um território ainda mais sutil, algumas tradições espirituais falam da possibilidade da criação de formas-pensamento. A força mental e emocional concentrada e direcionada, como aquela presente num pacto fervoroso, pode, segundo essa visão, dar origem a uma espécie de entidade energética elemental, uma forma-pensamento animada pela intenção original. Essa forma-pensamento, nascida do próprio psiquismo do indivíduo, mas alimentada pela intensidade do voto, poderia permanecer ativa no campo energético da pessoa mesmo após o esquecimento do pacto. Sua natureza seria a de espelhar e sustentar a vibração do compromisso original. Assim, uma forma-pensamento criada por um juramento de "nunca mais ser feliz" poderia atuar como um lembrete energético constante dessa decisão, sutilmente sabotando momentos de alegria ou atraindo circunstâncias que validem a crença original. Poderia até mesmo exercer uma influência quase autônoma, interferindo nas escolhas da pessoa sempre que estas ameacem violar o antigo decreto, não por malícia, mas por fidelidade à sua programação original. Em casos de votos coletivos, feitos por grupos ou famílias, pode-se falar em egrégoras – campos de energia coletiva que vinculam os membros e perpetuam a energia do compromisso grupal.

    Além dos efeitos no campo pessoal, a energia desses compromissos pode também impregnar ambientes ou influenciar relacionamentos. Um lugar onde um juramento dramático foi feito, como um antigo campo de batalha, uma capela isolada ou mesmo um quarto onde se viveu uma crise profunda, pode reter a "memória" energética daquele evento. Ao retornar a esse local, mesmo anos depois, a pessoa pode sentir um arrepio inexplicável, uma tristeza súbita ou reviver emoções ligadas ao pacto original, sem entender conscientemente porquê. Da mesma forma, pessoas que estiveram envolvidas no pacto original, ou mesmo seus descendentes, podem carregar consigo, em seu próprio campo energético, um eco daquele compromisso. Interagir com essas pessoas pode reativar a energia adormecida do pacto, gerando reações emocionais ou padrões de comportamento que parecem vir "do nada", mas que na verdade são ressonâncias daquele antigo vínculo compartilhado.

 O ponto crucial a reter de todas essas explorações das consequências sutis é este: embora invisíveis aos nossos olhos e muitas vezes imperceptíveis à nossa mente consciente, as repercussões energéticas e espirituais de pactos e votos, especialmente os não resolvidos, são reais. Elas operam sob a superfície da vida quotidiana, influenciando nosso fluxo de energia vital, nossos pensamentos, nossas emoções e até mesmo os ambientes e relacionamentos ao nosso redor. Atribuir dificuldades persistentes apenas a causas psicológicas ou circunstanciais pode ser insuficiente se não considerarmos essas dinâmicas energéticas ocultas. Tomar ciência dessas possibilidades – bloqueios energéticos, formas-pensamento, imprints ambientais – não é um exercício de fantasia esotérica, mas um passo importante para uma compreensão mais holística de nós mesmos e dos desafios que enfrentamos.

Essa compreensão mais ampla não deve servir como um peso adicional, mas como uma chave de acesso a camadas mais profundas de autocura e empoderamento espiritual. Ao aceitarmos que existem forças sutis influenciando nossas experiências, ganhamos também a oportunidade de interagir conscientemente com essas forças. Podemos escolher buscar práticas que atuem diretamente no campo energético, como limpezas vibracionais, meditações específicas de liberação, visualizações guiadas e rituais simbólicos de encerramento de ciclos. O simples ato de reconhecer um antigo voto ainda ativo, trazendo-o à luz da consciência com honestidade e intenção de encerramento, pode desencadear um processo espontâneo de dissolução. Afinal, aquilo que é visto com clareza tende a perder o poder que tinha quando agia na sombra.

 Muitas vezes, esses bloqueios sutis não precisam ser "eliminados" com violência ou força de vontade, mas sim compreendidos e acolhidos com compaixão. Eles são fragmentos de nós mesmos, aspectos do nosso ser que, em algum momento, acreditaram estar fazendo o melhor ao assumir um determinado compromisso. Ao invés de lutar contra essas partes, podemos estender-lhes uma mão amorosa, escutá-las com respeito e agradecer por sua lealdade. Esse gesto de reconciliação interior transforma o campo energético: o que antes era nó, torna-se ponte; o que antes era limitação, torna-se aprendizado. Nessa abordagem mais sensível e espiritualizada, a cura não vem da negação ou da repressão, mas da reintegração consciente de tudo aquilo que, um dia, foi separado pela dor, pelo medo ou pela ignorância.

Desse modo, compreender as consequências sutis dos compromissos rompidos não é um convite ao medo, mas um chamado à presença. Um convite para estarmos mais atentos às intenções que colocamos em nossas palavras, mais conscientes das energias que firmamos com nossos votos e mais dispostos a assumir, com maturidade e serenidade, o trabalho sagrado de desfazer o que nos prende e de restaurar o fluxo natural da vida em nosso interior. É nesse ponto que a espiritualidade se alinha com a liberdade: quando deixamos de ser vítimas de forças ocultas e nos tornamos coautores da própria cura, resgatando a inteireza do ser com coragem, consciência e amor.

Capítulo 10
Culpa e Medo

As consequências de pactos e votos não resolvidos, como vimos, estendem seus tentáculos para além do visível, criando bloqueios energéticos e reverberações sutis em nosso campo pessoal. No entanto, talvez as manifestações mais imediatas e palpáveis desses vínculos desgastados ou rompidos residam no terreno fértil das emoções humanas. Ancorados nas profundezas do coração e da mente, sentimentos de culpa e medo frequentemente emergem como guardiões sombrios desses antigos compromissos, atuando como pesos que nos prendem ao passado e dificultam o avanço rumo à liberdade. Essas emoções, embora dolorosas e muitas vezes paralisantes, não são meros subprodutos psicológicos; numa perspectiva espiritual, elas próprias carregam uma energia densa e podem desempenhar um papel crucial em manter ativos os laços que desejamos romper.

A culpa, em particular, funciona como uma cola energética potente. Quando sentimos que falhamos em honrar uma palavra dada, especialmente uma que foi investida de sacralidade ou proferida num momento de grande intensidade, um fardo pesado pode instalar-se em nossa consciência. Sentimos que decepcionamos alguém ou algo maior – talvez a divindade invocada no juramento, talvez uma entidade espiritual com quem acreditamos ter feito um acordo, talvez outra pessoa envolvida na promessa, ou, muito frequentemente, nós mesmos, nossa própria integridade, nosso ideal de conduta. Essa sensação de falha, de ter transgredido um código pessoal ou espiritual, gera uma energia densa que pode, paradoxalmente, nos colar ainda mais à memória e à vibração daquele pacto quebrado. É como se a culpa nos mantivesse acorrentados ao cenário do "crime", revivendo internamente a sensação de erro e inadequação.

Essa culpa pode manifestar-se de formas insidiosas. Uma delas é a autopunição inconsciente. A pessoa que se sente culpada por ter quebrado um voto pode começar a julgar-se indigna de felicidade, de amor, de prosperidade. Ela pode, sem perceber, sabotar oportunidades de alegria ou sucesso, pois uma parte sua acredita que não merece coisas boas depois de ter "faltado com a palavra". Cada vez que a felicidade bate à porta, a voz interna da culpa sussurra que há uma dívida pendente, um erro não reparado, e a pessoa recua, mantendo-se num estado de sofrimento ou limitação que funciona como uma penitência autoimposta. Outra manifestação é o peso constante no coração, uma melancolia subjacente, uma sensação de carregar um fardo invisível, mesmo que a origem específica – o pacto rompido – tenha sido relegada ao esquecimento consciente. A energia da culpa continua a vibrar, colorindo a percepção da vida com tons cinzentos de remorso e inadequação.

Paralelamente à culpa, ou muitas vezes entrelaçado a ela, surge o medo. O medo das consequências de ter violado um compromisso sagrado é uma emoção profundamente arraigada em muitas culturas e psiques individuais. Teme-se a retaliação, a punição divina ou kármica. Histórias e lendas ancestrais frequentemente retratam deuses irados ou destinos cruéis que se abatem sobre aqueles que ousam quebrar juramentos solenes. Essa herança cultural, combinada com a própria sensação interna de ter transgredido algo importante, pode gerar um medo difuso, mas persistente, de que algo ruim vá acontecer. A pessoa pode temer atrair azar, doenças, perdas financeiras ou outros infortúnios como resultado direto de sua "falha". Mesmo que a mente racional duvide, uma parte mais primitiva ou supersticiosa pode permanecer em estado de alerta, esperando a inevitável represália espiritual. Se o pacto envolvia entidades específicas, o medo pode tornar-se ainda mais concreto, focado na possibilidade de perseguição ou influência negativa por parte desses seres (um tema a ser aprofundado).

Curiosamente, o medo pode também assumir uma forma paradoxal: o medo da própria libertação. Por mais desconfortável ou limitante que um antigo pacto possa ser, ele representa um território conhecido, uma estrutura familiar dentro da qual a pessoa aprendeu a viver. A perspectiva de romper esse vínculo, de enfrentar a vida sem essa antiga (ainda que negativa) referência, pode gerar um medo profundo do desconhecido. O que acontecerá se eu me libertar desse voto? Quem serei eu sem esse fardo ou essa identidade definida pelo pacto? A corrente, mesmo pesada, pode oferecer uma estranha sensação de segurança, e a ideia de soltá-la pode ser assustadora. O medo de reivindicar a própria autonomia, de assumir total responsabilidade pelo presente sem a "desculpa" do passado, pode ser um obstáculo tão grande quanto o medo da punição.

É fundamental reconhecer esses sentimentos de culpa e medo como travas emocionais compreensíveis, mas, em última análise, superáveis. São reações humanas naturais à percepção de ter falhado num compromisso importante ou ao receio do desconhecido. No entanto, enquanto permitirmos que essas emoções nos dominem, elas continuarão a nos prender ao passado, reforçando os laços energéticos que desejamos dissolver. A culpa nos mantém focados no erro, impedindo o perdão e a autoaceitação. O medo nos paralisa, impedindo a ação corajosa rumo à liberdade.

Mostrar essa dimensão emocional é crucial porque a libertação de pactos e votos não é apenas um ato técnico de cortar cordões energéticos ou realizar rituais. É um processo integral que exige também a cura do coração. Requer que olhemos de frente para nossa culpa, que a compreendamos em seu contexto original, que nos ofereçamos compaixão e perdão. Requer que enfrentemos nossos medos, que questionemos suas origens, que aprendamos a transmutá-los em confiança – confiança em nossa capacidade de lidar com o desconhecido, confiança na benevolência do universo, confiança em nosso direito inato à liberdade e à felicidade.

Essas emoções, quando acolhidas com maturidade e escuta amorosa, podem deixar de ser âncoras para tornar-se passagens. A culpa, por exemplo, ao ser compreendida não como condenação, mas como um sinal de que valores profundos foram negligenciados, pode nos reconectar com a nossa integridade essencial. A partir daí, não mais como carrasca, mas como bússola moral, ela aponta o caminho para a reconciliação interior. O medo, por sua vez, ao ser encarado com honestidade, revela-se muitas vezes como uma máscara do desconhecido — um espaço fértil de potencial onde a verdadeira transformação pode acontecer. Não se trata de negar essas emoções ou apressar sua dissolução, mas de criar um espaço interno onde possam ser vistas, sentidas e, enfim, transcendidas.

É nesse território delicado que o trabalho espiritual mais profundo acontece: não na ausência de emoções difíceis, mas na disposição de transformá-las em alicerces para uma nova etapa da jornada. Cada vez que ousamos perdoar a nós mesmos, mesmo sem garantias externas de absolvição, damos à alma a chance de se regenerar. Cada vez que escolhemos confiar, apesar do tremor interno, abrimos as portas para experiências mais alinhadas com nosso estado de consciência presente, e não mais com os ecos do passado. Com isso, tornamo-nos menos reféns de pactos antigos e mais autores conscientes do próprio caminho. E é nesse exercício de responsabilidade amorosa que começa a verdadeira libertação: uma liberdade que não exige esquecer o passado, mas integrá-lo com sabedoria.

Assim, libertar-se da culpa e do medo ligados a antigos compromissos não é apagar a história, mas iluminá-la. É recuperar a dignidade que talvez tenhamos sentido ter perdido, e descobrir que, mesmo nos votos rompidos, havia um anseio sincero de acertar, de crescer, de amar. Ao reconhecermos isso, podemos acolher a versão de nós mesmos que errou com o mesmo carinho com que acolheríamos uma criança assustada. E é nesse gesto de autoacolhimento que as correntes se soltam, não por força, mas porque já não fazem mais sentido diante da nova verdade que escolhemos viver.

Capítulo 11
Entidades Espirituais

Nossa jornada pela compreensão dos pactos, votos e juramentos nos levou a explorar a força da palavra, os laços invisíveis que ela tece, suas reverberações kármicas e as emoções que desperta. Até agora, focamos primariamente no compromisso como um ato da própria alma, um contrato energético consigo mesma ou com princípios universais. Contudo, o tecido da existência é vasto e multifacetado, e muitas tradições espirituais afirmam que não estamos sozinhos neste universo. Para além do véu do mundo físico, haveria uma miríade de outras consciências, seres não corpóreos com diferentes níveis de evolução e intenção. E é aqui que a dinâmica dos pactos assume uma complexidade adicional: quando o acordo não é apenas uma declaração unilateral, mas envolve, intencionalmente ou não, uma dessas entidades espirituais.

O espectro dessas consciências é imenso, variando desde as figuras luminosas da fé religiosa até os habitantes mais obscuros das lendas e do folclore. Na imaginação popular, a ideia de pacto frequentemente evoca imagens dramáticas de acordos faustianos, onde indivíduos desesperados ou ambiciosos negociam suas almas com seres sombrios em troca de poder terreno, riqueza ou conhecimento proibido. Embora tais arquétipos existam no inconsciente coletivo e possam representar casos extremos, a interação com entidades espirituais através de promessas e acordos pode ocorrer de formas muito mais quotidianas e sutis. Pensemos na pessoa devota que, diante de uma imagem sagrada, promete a um santo padroeiro uma oferenda específica ou uma mudança de vida em troca de uma graça urgente. Ou no indivíduo que, em meditação ou sonho, sente a presença de um guia espiritual e lhe promete seguir certas orientações se receber ajuda numa encruzilhada da vida. Mesmo o ato de pedir proteção a um ancestral falecido, prometendo honrar sua memória de uma forma particular, pode ser visto como o estabelecimento de um acordo com uma consciência não física. Em todos esses casos, o compromisso transcende o eu individual e passa a envolver outra inteligência, outro ser no universo invisível.

A implicação fundamental disso é que o laço energético criado pelo pacto não se limita a conectar a pessoa à *ideia* ou ao *conteúdo* da promessa. Ele estabelece uma ligação direta, um canal de comunicação e influência, com a *consciência espiritual* específica que foi invocada ou que aceitou participar do acordo. Cria-se uma relação, mesmo que tênue ou não reconhecida conscientemente, regida pelos termos implícitos ou explícitos daquele pacto. A dinâmica dessa relação, contudo, pode variar enormemente dependendo da natureza e do nível evolutivo da entidade envolvida.

Consideremos primeiramente as interações com entidades percebidas como benévolas – mentores espirituais, anjos guardiães, santos intercessores, ancestrais amorosos. Quando um acordo é firmado com tais consciências, a perspectiva espiritualista sugere que sua resposta será pautada pelo amor, pela sabedoria e pelo respeito ao livre-arbítrio do indivíduo. Uma entidade luminosa pode, sim, inspirar e encorajar a pessoa a cumprir o prometido, especialmente se o compromisso estiver alinhado com o bem maior e a evolução da alma. Pode enviar sinais, intuições ou facilitar circunstâncias que ajudem no cumprimento do voto. No entanto, é improvável que exerça coerção, que imponha sua vontade ou que puna ativamente o não cumprimento. Sua função seria mais a de um guia paciente, compreendendo as dificuldades humanas e sempre apontando para o caminho do crescimento, mesmo que isso signifique aprender com a falha em honrar o compromisso. A "cobrança", se houver, seria mais um lembrete amoroso da própria alma sobre a intenção original.

Por outro lado, o cenário pode ser bem diferente ao lidar com entidades de natureza menos elevada, mais interesseira, ou mesmo declaradamente maliciosa. O universo invisível, assim como o visível, conteria seres com diferentes graus de consciência e ética. Uma entidade egoísta ou apegada a interesses próprios pode ver um pacto como um contrato estritamente comercial, um acordo a ser cumprido à risca. Se a pessoa falhar em entregar sua parte da barganha, essa entidade poderia sentir-se no direito de "cobrar ativamente" a dívida. Essa cobrança pode manifestar-se de formas perturbadoras: influências mentais negativas, indução de pensamentos obsessivos relacionados ao pacto, criação de obstáculos na vida da pessoa, sensação de azar persistente, ou mesmo ataques energéticos que visam enfraquecer ou desestabilizar o indivíduo até que ele "pague" o que deve, segundo a interpretação da entidade. Nesses casos, o pacto torna-se uma armadilha, um vínculo que aprisiona em vez de libertar.

Em situações mais graves, especialmente em pactos firmados com intenções obscuras, por ignorância dos riscos ou em momentos de extrema vulnerabilidade e desespero, pode ocorrer o que se chama de obsessão espiritual. Aqui, a entidade envolvida no pacto não apenas cobra a dívida, mas busca estabelecer um controle mais direto sobre a vida e a energia da pessoa. Ela pode conseguir "vincular-se ao campo energético" do indivíduo, como um parasita sutil, alimentando-se de sua vitalidade e influenciando profundamente seus pensamentos, emoções e até mesmo sua saúde física. A pessoa pode sentir que não está mais no comando de si mesma, ouvir vozes intrusivas, sofrer de pesadelos recorrentes, ou experimentar uma série de infortúnios que parecem ir além da mera coincidência. A obsessão espiritual é uma consequência séria que evidencia os perigos de se envolver em acordos levianos ou malsãos com forças desconhecidas do plano invisível.

Tudo isso converge para uma conclusão importante: lidar com pactos que envolvem outras consciências espirituais exige uma atenção e uma responsabilidade redobradas. A dinâmica torna-se mais complexa, pois não estamos lidando apenas com nossa própria energia e psicologia, mas com a vontade e a natureza de outro ser. O discernimento torna-se absolutamente crucial – procurar entender, tanto quanto possível, com quem ou com o quê se está estabelecendo um compromisso. A fé cega ou a promessa desesperada feita a qualquer força que pareça ouvir pode abrir portas indesejadas.

É nesse ponto que o autoconhecimento e a maturidade espiritual se revelam não apenas desejáveis, mas essenciais. O indivíduo que busca estabelecer uma aliança com uma entidade, seja ela luminosa ou de origem mais ambígua, precisa antes sondar suas próprias motivações com honestidade. O que está sendo oferecido? O que se espera em troca? Há um real entendimento da natureza do vínculo que está sendo proposto? Muitas vezes, o desejo de alívio imediato ou a ânsia por respostas leva à precipitação, à assinatura simbólica de acordos cujo preço será cobrado com juros espirituais. Por isso, práticas como a meditação, a oração reflexiva, a consulta a mestres éticos ou tradições seguras, podem ser poderosas aliadas na hora de decidir se um pacto deve, de fato, ser firmado — e, caso afirmativo, em quais condições e com quais salvaguardas.

Essa postura de cautela, no entanto, não deve ser confundida com medo ou paranóia. As relações com entidades espirituais, quando baseadas na lucidez, na integridade e na intenção elevada, podem trazer contribuições significativas para o caminho pessoal. Um pacto não precisa ser uma prisão: ele pode se tornar um instrumento de alinhamento com propósitos mais profundos, uma espécie de renovação de votos com a própria alma, agora em diálogo com outras inteligências do cosmos. Nestes casos, o compromisso passa a funcionar como uma ponte sagrada, um elo de cooperação entre dimensões, nutrido pela confiança mútua e pelo respeito ao livre-arbítrio. Ainda assim, mesmo sob essas condições ideais, o compromisso precisa ser constantemente reavaliado, à luz da evolução interior. O que ontem parecia justo pode hoje revelar-se limitado ou desnecessário. A flexibilidade e a humildade diante da própria jornada são tão fundamentais quanto a coragem de assumir uma promessa.

Ao final, a relação com entidades espirituais por meio de pactos é uma via poderosa, mas que deve ser trilhada com pés firmes e coração desperto. O invisível não é, por definição, maléfico ou benéfico — é, sobretudo, campo de possibilidades e reflexo da própria consciência que o acessa. Saber com quem se fala, o que se promete e por que se promete é parte de uma ética espiritual que protege, orienta e fortalece. Nesse equilíbrio entre reverência e discernimento, o ser humano encontra não só a segurança necessária para suas escolhas, mas também a sabedoria para caminhar entre mundos sem perder de vista a integridade de seu próprio espírito.

Capítulo 12
Energias Sutis

A exploração dos pactos nos levou a considerar acordos firmados com outras consciências, entidades espirituais que habitam as dimensões invisíveis. Essa interação adiciona uma camada de complexidade relacional aos nossos compromissos. No entanto, o panorama dos vínculos energéticos que podemos criar através da palavra empenhada é ainda mais vasto. Nem todo pacto ou voto solene envolve necessariamente um "alguém" do outro lado, uma entidade personalizada com quem estabelecemos um diálogo ou uma troca. Muitas vezes, o compromisso é direcionado a forças mais abstratas, a princípios elevados, a ideais fervorosamente abraçados, ou mesmo a campos de energia coletiva gerados pela própria humanidade. Essas energias sutis, embora impessoais, podem adquirir uma força considerável e exercer uma influência profunda e vinculativa sobre aqueles que a elas se dedicam.

Pensemos nos grandes ideais que movem a história e inspiram a ação humana. Uma pessoa, movida por um profundo senso de retidão, pode fazer um voto solene de dedicar sua vida a lutar pela Justiça, custe o que custar. Outra, apaixonada pela busca do conhecimento, pode jurar lealdade eterna à Verdade, comprometendo-se a nunca se desviar dela, mesmo que isso implique sacrifícios pessoais. Um artista pode consagrar sua existência à Beleza, um ativista à Liberdade, um místico a servir incondicionalmente à Luz contra as Trevas percebidas no mundo. Em todos esses casos, o juramento não é feito a uma pessoa ou a um espírito específico, mas a um conceito, a um princípio abstrato que, para o indivíduo, assume uma importância quase divina. A contraparte do pacto, aqui, é uma ideia-força, uma energia arquetípica que representa aquele valor elevado. Da mesma forma, alguém pode dedicar sua vida inteira a uma ideologia política ou a um movimento social, jurando fidelidade inabalável à causa, vendo-a como a mais alta expressão de seus valores.

Embora esses ideais e princípios não possuam uma consciência individualizada como uma entidade espiritual, eles não são energeticamente neutros. Quando um grande número de pessoas investe pensamentos, emoções e ações focadas num determinado ideal ou crença, essa energia coletiva pode coalescer, formando o que algumas tradiências esotéricas denominam egrégora. Uma egrégora é, essencialmente, um campo de energia psíquica autônomo, criado e sustentado pela fé e pela devoção compartilhadas de um grupo. Religiões, ordens iniciáticas, movimentos políticos intensos, e até mesmo grandes corporações com culturas muito fortes, podem gerar egrégoras poderosas. Essas estruturas energéticas sutis desenvolvem uma espécie de "vida própria", possuindo uma vibração característica, regras de funcionamento implícitas e uma tendência a se perpetuar e a influenciar seus membros.

Quando uma pessoa faz um voto ou juramento perante uma egrégora, ou dedica sua vida a um ideal que está fortemente associado a uma, ela estabelece uma conexão direta entre seu campo energético pessoal e aquele campo de energia coletiva. Ela se sintoniza com a frequência vibracional da egrégora e passa a ser influenciada por ela. As crenças, os valores, as emoções e até mesmo os preconceitos compartilhados pelo grupo podem começar a permear sutilmente a percepção e as escolhas do indivíduo, mesmo sem que ele se dê conta. A egrégora pode fornecer um senso de pertencimento, de força e de propósito, mas também pode exigir conformidade e lealdade.

É aqui que surgem as dificuldades, especialmente se, com o tempo, a pessoa começa a evoluir em suas próprias crenças e a questionar os dogmas ou as práticas associadas àquele ideal ou grupo ao qual se vinculou. Tentar se desviar do caminho traçado pela egrégora ou romper o voto feito àquele princípio pode gerar um conflito interno doloroso e uma sensação de resistência energética. A pessoa pode sentir-se inexplicavelmente drenada, como se sua energia vital estivesse sendo sugada de volta para o campo coletivo que ela tenta abandonar. Pode experimentar uma luta interna constante, uma sensação de traição ou culpa por não mais conseguir alinhar-se com o compromisso original. É como se a própria energia do ideal ou da egrégora, essa força sutil mas poderosa, a puxasse de volta, resistindo à sua tentativa de individualização ou mudança de rumo. A lealdade energética estabelecida pelo voto cria uma inércia difícil de superar.

Muitas organizações, especialmente aquelas de natureza iniciática ou religiosa, compreendem intuitivamente ou explicitamente esse mecanismo. A exigência de votos de obediência, de sigilo ou de dedicação vitalícia não é apenas uma formalidade simbólica. É uma técnica psicomágica deliberada para vincular energeticamente os membros à egrégora do grupo, garantindo assim a coesão, a lealdade e a continuidade da organização. O voto funciona como um portal que conecta o indivíduo ao reservatório de energia coletiva, fortalecendo tanto o membro quanto a própria egrégora, mas também criando um vínculo que pode ser difícil de romper caso a pessoa deseje seguir um caminho diferente no futuro.

Portanto, a paisagem dos pactos e votos é mais ampla do que poderíamos inicialmente supor. Nossos compromissos solenes podem nos conectar não apenas a entidades espirituais conscientes, mas também a essas correntes de energia sutil, a esses campos de força impessoais gerados por ideais e crenças coletivas. Reconhecer essa dimensão é crucial para quem busca a liberdade espiritual. As limitações ou os conflitos que experimentamos podem não derivar de um acordo com um ser específico, mas de um entrelaçamento energético com uma ideia-força ou uma egrégora à qual juramos fidelidade no passado.

Essa compreensão amplia radicalmente o campo da autorreflexão, pois convida o indivíduo a olhar para além das figuras visíveis e dos nomes consagrados, buscando perceber com que forças invisíveis sua alma se comprometeu ao longo da vida — e, possivelmente, de muitas vidas. Quando nos sentimos aprisionados a comportamentos, crenças ou lealdades que já não ressoam com nossa verdade presente, pode estar em jogo um vínculo antigo com uma egrégora ou um ideal que, no passado, ofereceu sentido, mas que hoje limita. Esse reconhecimento não deve ser motivo de culpa, mas de lucidez: honrar o caminho trilhado é importante, mas reconhecer o momento de liberar certos laços é sinal de maturidade espiritual. A fidelidade cega a ideias que já não se encaixam em nossa expansão interior pode bloquear a fluidez da evolução e obscurecer a percepção do novo que nos chama.

Romper com uma egrégora ou com um ideal que já não serve mais ao nosso crescimento não significa necessariamente negar sua importância passada. Significa compreender que todo voto, mesmo o mais nobre, precisa ser vivo, dinâmico, em constante diálogo com a consciência presente. A energia que um dia nutrimos com devoção pode — e deve — ser redirecionada se o propósito maior da alma assim o exigir. Nesse processo, pode ser necessário realizar rituais de liberação, silenciosas cerimônias internas de desligamento, ou buscar práticas que desfaçam o entrelaçamento vibracional. A libertação de um pacto sutil não se dá apenas no plano das ideias, mas também no campo energético, onde reside o verdadeiro poder desses compromissos. O ato de encerrar um ciclo de lealdade a uma egrégora exige tanto coragem quanto reverência — é, em si, um novo pacto com a liberdade de ser.

Ao reconhecer o papel das energias sutis em nossa trajetória, abrimos espaço para assumir um protagonismo mais consciente sobre aquilo a que escolhemos nos vincular. A liberdade espiritual não se alcança pela rejeição de todo e qualquer laço, mas pela escolha lúcida daqueles que ressoam com nossa verdade mais profunda. Votos e pactos não são necessariamente prisões; podem ser pontes de luz, desde que firmados com consciência e revisados com honestidade ao longo do tempo. Nesse equilíbrio delicado entre compromisso e liberdade, entre lealdade e renovação, o ser humano encontra não apenas um caminho de autenticidade, mas também uma via segura para se relacionar com o invisível — seja ele habitado por entidades conscientes ou por forças coletivas que moldam o destino da alma.

Capítulo 13
Contratos Espirituais

Nossa exploração dos pactos, votos e juramentos revelou um intrincado universo de compromissos energéticos, desde clamores desesperados até acordos com entidades espirituais e alianças com ideais abstratos. Cada forma carrega sua própria nuance, sua própria força vinculativa. Agora, somos convidados a alargar ainda mais nossa perspectiva, a contemplar esses compromissos não como eventos isolados ou meros acidentes biográficos, mas como possíveis expressões de algo mais profundo e abrangente: os contratos espirituais da alma. Nessa visão, os pactos e votos que fazemos ao longo de uma vida podem ser entendidos como cláusulas específicas, adendos ou ativações de acordos maiores que nossa essência espiritual assume em sua longa jornada evolutiva.

O conceito de contrato espiritual transcende a ideia de uma promessa feita sob pressão ou de uma barganha com o divino. Ele abarca a noção de que a alma, em sua sabedoria e desejo de crescimento, participa ativamente do planejamento de suas experiências encarnatórias. Muitas tradições espirituais postulam a existência de um "contrato de alma", um plano delineado antes do nascimento, onde o espírito, em consulta com guias ou com uma consciência superior, escolhe certos desafios, aprendizados, relacionamentos significativos ou missões de serviço a serem vivenciados na Terra. Essas escolhas pré-encarnatórias funcionam como acordos sagrados, compromissos assumidos voluntariamente pela alma consigo mesma e, por vezes, com outras almas que participarão daquela dança terrena. O objetivo não é predeterminar cada detalhe, mas estabelecer as linhas mestras, os temas centrais e as lições fundamentais que a alma se propõe a explorar naquela existência específica.

É importante diferenciar esses contratos de alma pré-existentes dos pactos e votos que fazemos conscientemente (ou em desespero) durante a vida. Os contratos de alma são geralmente estabelecidos a partir de uma perspectiva mais elevada, com uma visão panorâmica das necessidades evolutivas da alma. Os pactos feitos em vida, por outro lado, tendem a ser respostas a circunstâncias imediatas, moldados pelas emoções, crenças e limitações da personalidade encarnada naquele momento. No entanto, embora distintos em sua origem e nível de consciência, ambos os tipos de acordo exercem uma influência poderosa sobre o curso da vida e o destino pessoal. Eles não são mutuamente exclusivos; na verdade, frequentemente se entrelaçam e se influenciam reciprocamente.

Um pacto ou voto significativo feito durante a vida – como um juramento de amor eterno entre duas almas, um voto de dedicação a uma causa específica, ou mesmo um acordo complexo com uma entidade espiritual – não fica apenas na superfície da biografia atual. Ele se integra à tapeçaria maior dos contratos espirituais do indivíduo. Torna-se uma cláusula adicional, uma especificação ou uma modificação do plano original, com potencial para estender sua influência para além da encarnação presente. A energia e a intenção investidas naquele compromisso terreno são registradas no nível da alma e passam a fazer parte de sua "bagagem contratual", afetando escolhas e experiências futuras até que o contrato seja cumprido, renegociado ou conscientemente dissolvido. Assim, os atos de vontade e compromisso da personalidade encarnada têm o poder de moldar ativamente os contratos espirituais da alma.

Essa interconexão nos leva a uma perspectiva espiritual profunda: a de que, em última análise, nada ocorre por acaso. Se uma pessoa se vê impelida a fazer um juramento particularmente forte ou a se envolver numa situação que a leva a um pacto desesperado, talvez isso não seja apenas fruto das circunstâncias externas. Pode ser que houvesse um contrato de alma subjacente, uma predisposição anímica para vivenciar aquele tipo específico de aprendizado relacionado à responsabilidade, às consequências da palavra dada, ou ao tema central do voto (como pobreza, lealdade, sacrifício, perdão). A situação externa pode ter sido o gatilho necessário, atraído ou cocriado pela própria alma, para trazer à tona aquela cláusula contratual que precisava ser trabalhada.

Nessa ótica, até mesmo a experiência de quebrar um pacto e enfrentar suas consequências kármicas e emocionais pode ser vista como parte integrante de um contrato espiritual maior. A alma pode ter escolhido, em níveis mais elevados, passar por todo o ciclo – o compromisso, a falha, o sofrimento resultante, a busca por compreensão e, finalmente, a redenção e o aprendizado – como forma de dominar uma lição particularmente desafiadora sobre integridade, livre-arbítrio ou compaixão. O que parece uma falha dolorosa na superfície pode ser, na verdade, um passo crucial no cumprimento de um contrato de evolução mais profundo, cuidadosamente desenhado para o crescimento máximo da consciência.

Adotar essa perspectiva mais ampla dos contratos espirituais transforma radicalmente nossa maneira de encarar os pactos e promessas que marcam nossa jornada. Eles deixam de ser eventos isolados, potencialmente assustadores ou fontes de culpa inescapável, para se tornarem marcos significativos numa viagem contínua de aprendizado e autodescoberta que se estende por muitas vidas. Cada compromisso, cumprido ou não, passa a ser visto como uma oportunidade de aprendizado, uma cláusula num currículo maior que visa nossa expansão e nosso retorno à unidade. Essa visão não diminui a seriedade ou a responsabilidade associada aos nossos votos, mas os insere num contexto de propósito e significado que transcende o drama imediato.

Compreender nossos pactos e votos como parte de contratos espirituais maiores é também um passo fundamental que nos prepara para o trabalho de transformação e liberação. Se são contratos, mesmo os mais antigos e profundos, surge a possibilidade de revisá-los, de renegociar seus termos à luz de nossa consciência atual, ou de declarar conscientemente sua conclusão quando a lição foi aprendida. A alma não está irremediavelmente presa a acordos passados, especialmente aqueles feitos em ignorância ou desespero. Ao assumir nossa soberania espiritual e nossa capacidade de co-criar nossa realidade, podemos começar a interagir conscientemente com esses contratos, buscando alinhar nossos compromissos com nosso bem maior e nosso propósito evolutivo presente.

Essa possibilidade de revisão consciente dos contratos espirituais nos convida a uma postura ativa diante de nossa própria história espiritual. Não se trata de negar os compromissos antigos, mas de trazer luz sobre eles, compreendendo o que ainda serve e o que já cumpriu sua função. Esse processo exige escuta interior, coragem emocional e, muitas vezes, o auxílio de práticas que favoreçam o contato com os níveis mais profundos do ser — como regressões terapêuticas, jornadas de autoconhecimento, rituais de liberação ou meditações guiadas com foco na clareza espiritual. Ao revisitarmos nossas alianças com uma consciência mais madura, temos a chance de atualizá-las, reorientá-las ou encerrá-las com gratidão e respeito, evitando tanto a estagnação quanto o conflito energético com as novas fases de nossa trajetória.

Muitos dos desafios aparentemente inexplicáveis que enfrentamos podem estar enraizados em contratos espirituais ainda ativos, cujas cláusulas não foram revisitadas desde que foram instauradas, seja em vidas anteriores ou nesta mesma existência. A repetição de padrões, a sensação de bloqueios persistentes, o sentimento de estar vinculado a uma missão ou a uma relação que já perdeu o sentido, tudo isso pode ser sinal de que há acordos espirituais clamando por revisão. Quando aceitamos investigar essas raízes com compaixão e discernimento, abrimos espaço para que novos contratos sejam escritos, agora em plena consonância com a consciência expandida que fomos cultivando. A alma, afinal, não é prisioneira de seu passado; ela é autora viva de sua evolução, capaz de ajustar os rumos conforme cresce em sabedoria e amor.

Ao compreender os contratos espirituais como fios condutores de nossa experiência encarnada, acessamos uma visão mais integrada da vida. Nada é irrelevante, nenhum voto é pequeno demais, nenhum rompimento é o fim. Tudo se entrelaça num movimento contínuo de aperfeiçoamento e integração. Cada pacto firmado ou dissolvido é um passo no aprendizado da alma sobre o poder da intenção, a responsabilidade da escolha e a beleza do comprometimento consciente. Nesse caminho, somos chamados a viver com mais presença, a escolher com mais clareza e a honrar não apenas os acordos do passado, mas, sobretudo, aqueles que fazemos agora — com nós mesmos, com os outros e com o mistério maior que nos guia rumo ao nosso verdadeiro propósito.

Capítulo 14
Influência Oculta

Ao compreendermos os pactos, votos e juramentos como cláusulas potenciais em contratos espirituais mais vastos, tecidos ao longo de nossa jornada anímica, uma questão premente emerge: como essas escrituras antigas da alma, esses compromissos firmados em tempos idos ou em momentos de intensidade nesta própria vida, se manifestam concretamente em nosso dia a dia? Se eles de fato persistem como laços invisíveis ou programas energéticos, de que forma sua presença sutil, porém tenaz, molda nossas escolhas, nossos sentimentos e as circunstâncias que encontramos? É aqui que nos debruçamos sobre a influência oculta desses acordos, a maneira como eles operam sob a superfície da consciência, agindo como correntes subterrâneas que podem desviar o curso de nosso rio pessoal sem que percebamos sua força diretiva.

Muitas das dificuldades recorrentes, dos padrões negativos que parecem perseguir-nos, ou das limitações que nos frustram apesar de nossos melhores esforços, podem ter suas raízes mais profundas nesses contratos e pactos invisíveis. A influência raramente é óbvia ou dramática; ela não se anuncia com trombetas nem se apresenta como um grilhão visível. Pelo contrário, sua atuação é subtil, persistente, assemelhando-se a um programa de computador rodando silenciosamente em segundo plano. Ele não está na tela principal, não chama atenção para si, mas consome recursos, afeta o desempenho e pode até mesmo redirecionar comandos de forma inesperada. Da mesma forma, um antigo voto ou pacto opera nas camadas subconscientes da mente e da alma, colorindo percepções, inclinando decisões e mantendo certas frequências energéticas ativas sem que a personalidade atual se dê conta do processo.

É fascinante e por vezes desconcertante observar como, sem que a pessoa perceba, suas decisões e reações podem ser consistentemente influenciadas por um compromisso esquecido. Tomemos o exemplo de alguém que, numa vida passada ou mesmo numa paixão avassaladora na juventude, jurou amor eterno a outra alma, talvez antes de uma separação trágica. Na vida atual, essa pessoa pode sentir um anseio profundo por um relacionamento, mas inconscientemente compara cada novo pretendente à imagem idealizada daquele amor antigo, achando defeitos em todos e perpetuando sua solidão. Ou, alternativamente, pode encontrar alguém promissor, mas começar a sabotar a relação assim que ela se aprofunda, criando discussões, afastando-se emocionalmente, como se uma parte sua precisasse permanecer "fiel" àquele juramento primordial, mesmo que isso signifique renunciar à felicidade presente. A pessoa pode racionalizar seu comportamento de várias maneiras, mas a força motriz oculta é a lealdade inconsciente ao pacto passado.

Consideremos outro caso: alguém que, talvez numa existência como monge ou por uma promessa feita em momento de extrema devoção religiosa, assumiu um voto de obediência ou de silêncio. Na vida atual, essa pessoa pode ter uma enorme dificuldade em expressar suas próprias opiniões, em defender seus direitos, em assumir posições de liderança ou simplesmente em dizer "não". Ela pode sentir uma ansiedade paralisante ao confrontar autoridades ou ao precisar se impor, mesmo em situações onde seria perfeitamente razoável fazê-lo. Conscientemente, ela pode desejar ser mais assertiva, mas uma força interna parece bloqueá-la, um resquício daquele antigo programa de submissão ou renúncia à própria voz, cuja origem ela desconhece completamente. O mesmo princípio se aplica a votos de pobreza, que podem levar a uma autossabotagem financeira crônica, ou a votos de sacrifício, que podem resultar numa incapacidade de cuidar das próprias necessidades.

A ideia central que emerge desses exemplos é perturbadora e libertadora ao mesmo tempo: embora não vejamos correntes físicas nos prendendo, há forças do passado agindo no presente. Energias psíquicas, padrões de intenção cristalizados, lealdades anímicas – tudo isso opera a partir de uma dimensão invisível, mas com efeitos bem tangíveis em nossa realidade tridimensional. Nossas vidas podem estar sendo sutilmente pilotadas por decisões tomadas há muito tempo, em contextos completamente diferentes, por versões de nós mesmos que já não reconhecemos. Essa percepção pode inicialmente gerar desconforto, a sensação de não sermos totalmente donos de nosso próprio destino. No entanto, ela também oferece uma chave poderosa para a compreensão e a mudança.

Este é o momento de convidar o leitor a tornar-se um detetive de sua própria vida, um observador atento das correntes ocultas que podem estar em jogo. Comece a prestar atenção, com curiosidade e sem julgamento, àqueles aspectos de sua vida que parecem resistir a todas as tentativas de mudança. Observe as situações que se repetem com uma regularidade frustrante – nos relacionamentos, na carreira, nas finanças, na saúde. Note as limitações que parecem não ter uma causa lógica ou proporcional ao seu esforço. Investigue aqueles impulsos internos que parecem ir contra seus próprios interesses, aqueles momentos de autossabotagem que surgem justamente quando você está prestes a alcançar um objetivo desejado. Anote seus sonhos recorrentes, preste atenção a sentimentos ou reações que parecem desproporcionais às circunstâncias presentes. Essas podem ser pistas valiosas, sinais de fumaça indicando a presença de um fogo oculto, a influência de um pacto ou contrato antigo operando nas sombras.

Esse despertar para a possibilidade da influência oculta dos pactos é um passo crucial. Ele nos tira da posição de vítimas passivas das circunstâncias e nos coloca no papel de investigadores ativos de nossa própria realidade interior. Ao começar a suspeitar que certos desafios podem ter uma origem mais profunda, ligada a esses compromissos espirituais, uma nova motivação surge: o desejo de desvendar esses mistérios, de trazer à luz esses condicionamentos ocultos e, finalmente, de resolvê-los. A consciência dessa influência invisível acende a chama da esperança de que a mudança real é possível, não através da luta contra moinhos de vento, mas através da identificação e da dissolução das verdadeiras causas que nos prendem.

A investigação desses vínculos ocultos, no entanto, não deve ser movida pelo impulso de rejeição ou pela pressa em se desvencilhar de tudo que pareça limitador. Muitas vezes, o próprio impulso de "romper" pode reforçar os laços que queremos dissolver, especialmente se ele vier carregado de julgamento, raiva ou negação. A chave está em acolher esses pactos com um olhar mais amplo, reconhecendo o papel que eles desempenharam em nossa jornada até aqui. Afinal, mesmo os votos que hoje parecem nos restringir foram, em sua origem, tentativas legítimas de proteger, amar, servir ou evoluir. Olhar para eles com compaixão é essencial para que possamos integrá-los e, então, transformá-los. A cura desses compromissos não se dá por força ou repressão, mas por meio do entendimento e da transmutação. O processo pode ser auxiliado por práticas como constelações sistêmicas, regressões conscientes, escrita terapêutica ou meditações guiadas voltadas à liberação de padrões ancestrais e kármicos.

Ao trazer luz para esses pactos antigos, a pessoa começa a recuperar seu poder pessoal em níveis antes inacessíveis. Os mesmos canais que antes serviam de passagem para a influência inconsciente podem ser requalificados como caminhos para uma expressão mais autêntica da alma. Aquilo que antes operava como uma limitação silenciosa pode se converter em fonte de sabedoria, uma vez compreendida sua origem e sua motivação. Em muitos casos, não é necessário "apagar" o pacto, mas ressignificá-lo: transformar o voto de silêncio em um compromisso com a escuta compassiva e a fala consciente; o voto de pobreza em uma nova relação com o desapego e a abundância responsável; o juramento de fidelidade eterna em um amor presente, livre e renovado. Assim, a energia que antes aprisionava se torna impulso criador, e os antigos contratos se tornam plataformas de crescimento.

    Revelar a influência oculta dos pactos é, portanto, mais do que um exercício de autoconhecimento — é um ato de soberania espiritual. Ao nos tornarmos conscientes dessas forças invisíveis e reconhecê-las com maturidade, passamos a escrever, com mais lucidez, os novos acordos que moldarão nossa experiência futura. A vida deixa de ser uma repetição de padrões herdados e passa a ser uma obra co-criada entre nossa essência mais profunda e o propósito que escolhemos realizar agora. Esse é o verdadeiro empoderamento: perceber que mesmo os laços mais antigos e sutis não têm mais força do que a consciência desperta que escolhe, com coragem, viver em coerência com a própria verdade.

Capítulo 15
Padrões Repetitivos

A influência oculta dos pactos e contratos espirituais, essa força invisível que opera nos bastidores da psique, raramente permanece totalmente encoberta. Como uma corrente subterrânea que eventualmente emerge na superfície em fontes ou áreas pantanosas, a energia desses compromissos antigos muitas vezes se manifesta de forma concreta e observável em nossa vida quotidiana através de padrões repetitivos. São aqueles ciclos de eventos, aquelas dinâmicas relacionais, aqueles obstáculos recorrentes que parecem teimosamente retornar, não importa o quanto tentemos mudar de direção. Dar nome e rosto a esses padrões é um passo crucial para trazer a influência oculta do passado para a luz da consciência, transformando o que parecia ser um destino imutável num enigma a ser decifrado.

Quando falamos de padrões repetitivos neste contexto, não nos referimos apenas a hábitos comportamentais simples, como roer as unhas ou procrastinar tarefas. Referimo-nos a sequências de acontecimentos maiores, a roteiros de vida que parecem rodar em loop. Relacionamentos amorosos que começam com grande intensidade, mas invariavelmente terminam da mesma maneira dolorosa, com os mesmos tipos de conflitos ou traições. Carreiras que prometem sucesso, mas que repetidamente encontram um obstáculo intransponível no último momento, levando ao fracasso ou à estagnação. Ciclos financeiros onde períodos de ganho são sempre seguidos por perdas inesperadas, mantendo a pessoa presa numa constante insegurança material. Ou mesmo padrões emocionais, como ondas de tristeza profunda ou de ansiedade avassaladora que surgem ciclicamente sem uma causa externa aparente. É a sensação desconcertante de estar revivendo o mesmo filme, com pequenas variações de cenário e personagens, mas com o mesmo enredo fundamental e o mesmo desfecho frustrante.

Mas por que esses padrões se repetem com tanta insistência? Se um pacto ou voto antigo está ativo, como ele orquestra essas repetições? A chave reside na natureza da energia não resolvida. Como vimos, um compromisso rompido ou uma lição kármica associada a um pacto deixa uma "ponta solta", um desequilíbrio energético no campo da alma. Essa energia pendente funciona como um magneto sutil, atraindo ou cocriando circunstâncias que ressoam com o tema central do compromisso original. O vínculo espiritual ativo com o voto passado continua a emitir uma frequência específica, e a lei de causa e efeito, em sua função educativa, tende a espelhar essa frequência de volta na forma de experiências concretas. A repetição não é uma punição, mas um chamado persistente da alma e do universo para olhar para aquela questão não resolvida, para finalmente aprender a lição contida ali ou para encontrar uma forma de liberar ou honrar o antigo acordo. Cada repetição do padrão é, essencialmente, uma nova oportunidade oferecida para a cura e a integração.

Consideremos alguns exemplos para ilustrar como isso pode se desenrolar. Imaginemos alguém que, numa vida passada ou num momento de fervor juvenil, jurou lealdade e sacrifício incondicionais a uma determinada causa ou pessoa. Essa energia de autonegação e serviço abnegado pode continuar ativa. Na vida atual, essa pessoa pode encontrar-se repetidamente em situações onde seus próprios limites são desrespeitados, onde ela se sente compelida a colocar as necessidades dos outros sempre à frente das suas, seja no trabalho, na família ou nos relacionamentos amorosos. Ela pode até tentar mudar, estabelecer limites, mas acaba invariavelmente caindo no mesmo padrão de se doar excessivamente, sentindo-se depois ressentida e esgotada. O cenário externo muda, mas o roteiro interno de sacrifício, ditado pelo antigo vínculo espiritual, continua a se repetir.

Ou pensemos na pessoa que, após uma experiência de traição particularmente traumática, prometeu a si mesma, com toda a força de sua dor: "Nunca mais confiarei em ninguém, nunca mais me entregarei ao amor". Esse decreto, nascido da mágoa, pode tornar-se um programa subconsciente poderoso. Na vida presente, ela pode desejar profundamente um relacionamento íntimo e seguro, mas atrai sucessivamente parceiros que confirmam sua crença original: pessoas que são emocionalmente indisponíveis, que têm medo de compromisso, ou que acabam por trair sua confiança de alguma forma. O padrão de solidão ou de relacionamentos superficiais e dolorosos se repete, não porque ela seja azarada ou indigna de amor, mas porque a energia do antigo voto continua a operar, filtrando suas percepções e atraindo experiências que validam a decisão de manter o coração fechado.

Este é o momento de voltar o olhar para dentro, com honestidade e coragem. Faça a si mesmo a pergunta incômoda, mas potencialmente reveladora: Que eventos ou emoções parecem um filme que se repete na minha vida? Em que áreas sinto que estou preso num ciclo vicioso, correndo em círculos sem conseguir sair do lugar? Analise seus relacionamentos: há um tipo específico de pessoa que você atrai repetidamente? Os conflitos ou os motivos de término costumam ser semelhantes? Observe sua vida financeira: existem padrões de escassez, dívida ou perda que se repetem? Em sua carreira, você enfrenta os mesmos tipos de obstáculos ou frustrações em diferentes empregos? Na sua saúde, certos sintomas ou fragilidades surgem de forma cíclica? Permita-se reconhecer esses loops sem julgamento, apenas como um observador neutro coletando dados sobre sua própria existência.

Ao identificar um padrão claro e persistente, é como se encontrássemos a ponta solta de um novelo emaranhado. Esse padrão repetitivo torna-se um fio condutor valioso. Seguindo esse fio com atenção – através da autoanálise, da meditação, da intuição, ou talvez com a ajuda de terapias que acessem memórias mais profundas – podemos, eventualmente, chegar à origem do emaranhado, ao nó inicial: o pacto, o voto ou o juramento que deu origem àquele ciclo. O padrão deixa de ser um enigma indecifrável e passa a ter uma causa raiz potencial.

É crucial, neste ponto, abandonar a ideia de que esses padrões são meras coincidências, resultado de azar ou simples traços de personalidade imutáveis. Essa perspectiva nos mantém impotentes. Em vez disso, o convite é para considerar seriamente a possibilidade de que eles sejam sinais significativos, mensagens codificadas de nossa própria alma ou do universo, apontando para lições não aprendidas ou acordos ainda ativos no plano sutil. Eles são sintomas de uma causa mais profunda que precisa ser descoberta e tratada.

Reconhecer seus próprios padrões repetitivos é, portanto, um passo gigantesco na jornada de libertação. É o momento em que a influência oculta começa a perder seu poder, pois deixa de ser oculta. A consciência transforma o ciclo inconsciente numa questão a ser resolvida. Embora a solução possa exigir mais trabalho e exploração, o simples ato de identificar o padrão e suspeitar de sua ligação com um compromisso passado já altera fundamentalmente a dinâmica. Deixa de ser uma vítima passiva da repetição e torna-se um agente ativo na busca por quebrar o ciclo.

Essa transição da passividade para a ação consciente não acontece de forma instantânea, mas é marcada por uma série de pequenos despertares, lampejos de lucidez que aos poucos se integram ao cotidiano. Um padrão reconhecido é como uma palavra esquecida que volta à língua: começa a soar familiar, a fazer sentido, e aos poucos nos permite nomear o que antes era apenas sensação difusa. Ao nomear, delimitamos; ao delimitar, conquistamos liberdade. Essa é a chave que transforma o padrão repetitivo de um destino implacável para uma lição em andamento. E ao adotarmos essa visão, passamos a perceber que esses ciclos não são inimigos, mas mestres persistentes, insistindo em nos ensinar o que talvez tenhamos ignorado por vidas. O sofrimento, nesse contexto, não é castigo, mas insistência amorosa da alma para que olhemos onde evitamos olhar.

    Esse processo de revelação exige sensibilidade, mas também compromisso. À medida que os padrões se tornam visíveis, a tentação pode ser cair no arrependimento ou na autocrítica severa: "Como não vi isso antes?", "Por que repeti esse erro tantas vezes?" Mas é fundamental compreender que o aprendizado só é possível quando a consciência está pronta. Cada ciclo repetido não foi em vão; ele preparou o terreno para o despertar atual. A verdadeira transformação ocorre quando, ao reconhecer o padrão, deixamos de lutar contra ele e começamos a dialogar com sua origem. Podemos perguntar: que parte minha acreditou que precisava viver isso? Qual valor ou ferida estava por trás desse pacto? O que ganhei, mesmo inconscientemente, ao manter esse ciclo? Essas perguntas não buscam culpados, mas compreensão. E é essa compreensão que dissolve o padrão em sua raiz.

    Romper com um padrão repetitivo não significa, necessariamente, apagar seus rastros da vida. Muitas vezes, eles continuam a aparecer, mas já não têm o mesmo peso, a mesma inevitabilidade. Tornam-se ecos, não mandamentos. E é nesse momento que percebemos que o poder sempre esteve conosco – não no sentido de controle absoluto, mas de presença transformadora. O ciclo perde força porque a consciência ganhou profundidade. E é assim que, passo a passo, os pactos antigos vão sendo desfeitos, não com negação, mas com maturidade, gratidão e a escolha renovada de viver com mais verdade. Ao reconhecer o ciclo, investigá-lo e transformá-lo, abrimos espaço para que algo novo nasça: uma vida que já não é regida pelo que foi, mas pela liberdade de ser o que agora se compreende.

Capítulo 16
Autossabotagem

Os padrões que se repetem em nossa vida, como ecos insistentes de um passado não resolvido, são talvez os sinais mais evidentes da influência oculta de antigos pactos e votos. No entanto, essa influência pode manifestar-se de uma forma ainda mais desconcertante e dolorosa: a autossabotagem. Falamos daquela tendência, muitas vezes inexplicável, de agirmos contra nossos próprios interesses, de minarmos nossos objetivos mais caros justamente quando parecem estar ao nosso alcance. A pessoa deseja conscientemente a prosperidade, o amor, o sucesso, a saúde, mas, de alguma forma, seus próprios comportamentos e escolhas parecem conspirar para impedir a realização desses anseios. Embora a psicologia ofereça diversas explicações para os mecanismos da autossabotagem, a perspectiva espiritualista nos convida a considerar uma camada adicional: a possibilidade de que essa conduta autodestrutiva não seja apenas um conflito psíquico, mas o resultado de uma força interna contraditória, alimentada pela energia persistente de um compromisso antigo e não liberado.

Imagine a cena interna: de um lado, a vontade consciente, o desejo legítimo por uma vida mais plena e feliz; do outro, uma força oculta, uma lealdade invisível a um decreto passado, puxando na direção oposta. Essa força interna contraditória não opera por malícia, mas por uma espécie de integridade distorcida, uma fidelidade ao programa original estabelecido pelo pacto ou voto. Se no passado a alma se comprometeu solenemente com a renúncia, a solidão ou o sacrifício, uma parte dela pode continuar a se sentir obrigada a honrar esse compromisso, mesmo que a personalidade atual anseie por abundância, conexão e autorrealização. A autossabotagem emerge, então, como o resultado desse cabo de guerra interior, onde as ações inconscientes visam manter a coerência com o antigo voto, frustrando os desejos conscientes do presente.

Vejamos exemplos concretos dessa dinâmica. Consideremos alguém que, talvez numa vida passada como membro de uma ordem religiosa ascética, ou mesmo nesta vida num momento de intensa devoção ou culpa, fez um voto sincero de pobreza ou de extrema humildade. Conscientemente, essa pessoa pode hoje lutar por estabilidade financeira, trabalhar arduamente, buscar oportunidades de crescimento. No entanto, sempre que uma chance real de ganho significativo ou de reconhecimento se apresenta – uma promoção importante, um investimento promissor, um projeto lucrativo – algo acontece. A pessoa pode procrastinar decisões cruciais até perder a oportunidade, pode cometer erros inexplicáveis que comprometem o resultado, pode subitamente sentir-se indigna ou culpada por desejar mais e acabar por renunciar à chance. Externamente, pode parecer falta de sorte ou incompetência, mas internamente, é a força do antigo voto operando, garantindo que a pessoa permaneça alinhada com a energia da escassez ou da humildade autoimposta que um dia prometeu manter.

Da mesma forma, pensemos em alguém que, após sofrer uma traição amorosa devastadora, jurou solenemente, em meio à dor: "Nunca mais me apaixonarei, nunca mais permitirei que alguém me machuque assim". Anos mais tarde, essa pessoa pode sentir uma solidão profunda e desejar sinceramente encontrar um parceiro amoroso e confiável. Ela pode até conhecer alguém que preenche esses requisitos, iniciar um relacionamento promissor, sentir a felicidade despontar no horizonte. E então, inexplicavelmente, começa a sabotar tudo. Passa a encontrar defeitos insignificantes no parceiro, a criar discussões por motivos fúteis, a se fechar emocionalmente, a afastar a pessoa amada. Por quê? Porque uma parte sua, ainda leal àquele juramento feito na dor, sente que se apaixonar novamente seria quebrar a palavra dada, seria expor-se à mesma vulnerabilidade que jurou evitar. A autossabotagem torna-se o mecanismo inconsciente para manter o coração "seguro", fechado, em conformidade com o antigo decreto de autoproteção, mesmo que isso signifique perpetuar a solidão que a consciência tanto lamenta.

É fundamental, ao contemplar esses cenários, afastar a ideia de que a autossabotagem significa necessariamente falta de capacidade, de inteligência ou de merecimento. A pessoa que boicota o sucesso financeiro pode ser extremamente capaz e trabalhadora.

A pessoa que arruína relacionamentos promissores pode ser profundamente amorosa e digna de ser amada. O problema não reside numa falha inerente do indivíduo, mas sim nesse conflito de lealdade profundamente enraizado, nessa divisão interna entre o desejo presente e o pacto passado. Reconhecer isso é crucial para a autocompaixão. Não se trata de culpar a si mesmo por "não conseguir" o que deseja, mas de compreender que pode haver uma força energética antiga e poderosa atuando em oposição aos seus objetivos conscientes.

Identificar esse conflito interno é a chave para começar a desarmá-lo. A autossabotagem, vista sob essa luz, deixa de ser um comportamento irracional e vergonhoso para se tornar um sintoma, uma pista valiosa que aponta para um possível vínculo não resolvido. O convite, então, é para uma auto-observação atenta e compassiva. Comece a notar aqueles momentos em que você parece "dar um tiro no próprio pé", especialmente quando as coisas estavam indo bem. Quando uma oportunidade promissora surge, observe se surge uma resistência interna, uma vontade de procrastinar, uma série de "erros" ou uma súbita perda de interesse. Quando um relacionamento floresce, perceba se você começa a encontrar defeitos, a criar distância ou a sentir uma ansiedade inexplicável. Pergunte a si mesmo: "O que essa parte de mim que está sabotando está tentando proteger ou honrar? A que antigo compromisso ela pode estar sendo fiel?".

Trazer essas dinâmicas para a luz da consciência é o primeiro passo para a libertação. Ao entender que a autossabotagem pode ser a manifestação de um pacto antigo, você começa a retirar o poder desse mecanismo inconsciente. Você percebe que não está condenado a repetir esses padrões autodestrutivos. Existe uma causa, e onde há uma causa, pode haver uma solução. Essa tomada de consciência prepara o terreno para um trabalho mais profundo de identificação específica do voto ou pacto em questão e para a aplicação de técnicas de liberação e integração. O objetivo final é dissolver o conflito interno, liberar a energia presa no antigo compromisso e alinhar, finalmente, desejo consciente, ação e fluxo energético na direção da realização positiva e da vida plena que você almeja e merece.

Quando esse antigo pacto é enfim trazido à tona e reconhecido, cria-se espaço para o resgate do livre-arbítrio em sua plenitude. A pessoa, agora consciente da raiz espiritual de sua autossabotagem, pode escolher deliberadamente um novo posicionamento interno, uma nova narrativa para sua vida. Não se trata de lutar contra a parte que sabota, mas de escutá-la com respeito, acolher suas razões e mostrar-lhe que o tempo mudou, que as condições atuais já não exigem o mesmo sacrifício. Esse diálogo interno compassivo é o início da reconciliação entre as partes divididas, promovendo uma reintegração da psique que, por tanto tempo, esteve em guerra consigo mesma.

À medida que essa reconciliação acontece, novas atitudes começam a emergir naturalmente. A procrastinação cede lugar à ação decidida; o medo de ser visto e reconhecido se transforma em desejo de compartilhar dons com o mundo; o receio de amar se abre à confiança no presente. O antigo voto não precisa ser renegado com violência, mas transformado por meio da compreensão e do perdão. Algumas práticas espirituais, como rituais simbólicos de revogação de votos, meditações guiadas ou terapias de resgate da alma, podem ser extremamente eficazes nesse processo. Mais do que apagar o passado, o que se busca é integrar sua lição, libertando a energia aprisionada e convertendo-a em força vital disponível para a criação de uma nova realidade.

É nesse ponto que o ciclo se fecha com propósito: quando a força que um dia serviu à dor se converte em sabedoria a serviço da cura. A autossabotagem deixa de ser um obstáculo obscuro para tornar-se uma trilha reveladora, conduzindo a um reencontro com a verdade interna e com o direito inalienável de viver plenamente. Libertar-se desses pactos ocultos é permitir que a alma escolha, com consciência e liberdade, novos caminhos — caminhos de harmonia, prosperidade e amor.

Capítulo 17
Bloqueios Emocionais

A influência insidiosa de pactos e votos não resolvidos estende-se para além dos padrões de eventos que se repetem e dos comportamentos de autossabotagem que minam nossos objetivos. Ela penetra ainda mais fundo, alcançando o âmago de nossa experiência sensível, o delicado ecossistema de nosso coração e mente. Ali, nas paisagens interiores onde nascem e fluem nossos sentimentos, esses antigos compromissos podem erguer barreiras invisíveis, criar represas no fluxo natural das emoções e gerar bloqueios profundos que nos impedem de sentir e expressar a totalidade de nosso ser. Muitas emoções negativas persistentes, que parecem desafiar explicações lógicas ou circunstanciais, podem ter suas raízes fincadas nesses vínculos espirituais esquecidos ou não resolvidos.

Quantas vezes nos pegamos sentindo uma tristeza difusa que paira sobre nós sem motivo aparente, uma melancolia que colore dias ensolarados com tons de cinza? Ou experimentamos medos irracionais diante de certas situações que não apresentam perigo real, fobias que nos paralisam e limitam nossas escolhas? Talvez carreguemos uma dificuldade crônica em confiar nas pessoas, mesmo naquelas que se mostram dignas de confiança, ou uma desconfiança corrosiva em relação a nós mesmos, às nossas capacidades e ao nosso valor. Esses estados emocionais persistentes, que resistem a abordagens terapêuticas convencionais ou a esforços de pensamento positivo, podem ser sinais de bloqueios emocionais cuja origem reside num antigo pacto ou voto.

    A energia de um compromisso não resolvido, como vimos, permanece ativa no campo sutil. Essa energia possui uma frequência vibracional específica, e essa frequência pode ressoar ou gerar estados emocionais correspondentes. Tomemos o exemplo de um juramento de manter segredo eterno sobre um evento traumático ou uma informação comprometedora, talvez feito sob ameaça ou por um senso distorcido de lealdade. A energia desse voto de silêncio pode manifestar-se na vida atual como uma dificuldade persistente em se comunicar abertamente, em expressar vulnerabilidade, em estabelecer intimidade genuína. A pessoa pode sentir-se emocionalmente constipada, incapaz de partilhar seus sentimentos mais profundos, como se uma mordaça invisível a impedisse. O bloqueio não está na garganta, mas no campo energético, sustentado pela força do antigo juramento de segredo.

    Outro exemplo pungente é o voto de lealdade eterna a alguém que partiu, seja por morte ou separação. Em meio à dor da perda, a pessoa pode ter jurado nunca amar novamente, ou prometido dedicar sua vida a manter viva a memória do ente querido. Embora essa promessa possa ter trazido consolo momentâneo, sua energia pode criar um bloqueio emocional duradouro. A pessoa pode encontrar-se presa numa tristeza perene, num apego ao passado que a impede de abraçar novas alegrias, novas relações, novas possibilidades de felicidade no presente. O coração permanece energeticamente vinculado àquele que se foi, e a lealdade ao voto impede a abertura para o novo. A tristeza torna-se crônica, não apenas como luto não elaborado, mas como um estado sustentado pela força do antigo compromisso.

Mesmo fobias ou aversões que parecem completamente irracionais à luz da biografia atual podem, por vezes, ser ecos emocionais de eventos traumáticos ligados a pactos de vidas passadas. Um medo intenso e inexplicável de água pode remontar a um afogamento ocorrido após quebrar um voto feito a bordo de um navio. Um pavor paralisante de alturas pode estar ligado a uma queda fatal associada a um juramento feito num local elevado. Uma aversão profunda à ideia de casamento, apesar do desejo consciente de formar família, pode ser o resquício de um voto monástico ou de uma experiência matrimonial desastrosa ligada a um pacto em outra existência. Nesses casos, a emoção (medo, aversão) funciona como um alarme anacrônico, disparado por gatilhos presentes que ressoam com o trauma original onde o pacto esteve envolvido. O bloqueio emocional é a cicatriz psíquica daquele evento antigo.

Esses bloqueios emocionais atuam como muralhas invisíveis erguidas ao redor do coração e da mente. Eles limitam nossa capacidade de sentir plenamente o espectro das emoções humanas, de nos conectarmos autenticamente com os outros e com a própria vida. Impedem a livre expressão de nossa verdade interior e nos mantêm parcialmente aprisionados no cenário emocional do passado, incapazes de habitar o presente com leveza e espontaneidade. Vivemos como se estivéssemos dentro de uma fortaleza cujas paredes, embora invisíveis, são terrivelmente reais em seus efeitos limitantes.

No entanto, a própria existência desses bloqueios, uma vez reconhecida, pode tornar-se um portal para a clareza e a cura. Ao perceber uma emoção negativa persistente e aparentemente sem causa, podemos começar a nos questionar de uma forma nova. Em vez de apenas tentar reprimir ou combater o sentimento, podemos perguntar com curiosidade e compaixão: Qual a origem mais profunda desta tristeza, deste medo, desta desconfiança? Que voto meu coração pode ter feito para estar tão fechado? Que antigo compromisso minha alma pode estar ainda tentando honrar através desta emoção limitante? Essa investigação amorosa, essa disposição para dialogar com nossas próprias emoções difíceis, pode começar a trazer insights e a dissolver as bases energéticas do bloqueio.

É fundamental, nesse processo, acolher as próprias emoções, mesmo as mais desconfortáveis. Elas não são inimigas a serem derrotadas, mas mensageiras que podem carregar informações preciosas sobre nossa história profunda. Ao permitirmo-nos sentir o que está presente, sem julgamento, criamos um espaço seguro para que as memórias ou as intuições sobre as origens desses sentimentos possam emergir. Cada lágrima inexplicável, cada arrepio de medo irracional, cada onda de desconfiança pode ser uma pista que nos leva de volta ao momento em que um compromisso foi selado, um fio que nos ajuda a desvendar o nó emocional.

Compreender a ligação entre bloqueios emocionais e pactos antigos aprofunda nossa motivação para buscar a cura. Percebemos que não estamos fadados a viver sob o jugo dessas emoções limitantes. Elas são sintomas de causas que podem ser compreendidas e transformadas. O trabalho de liberação dos pactos torna-se, então, também um trabalho de liberação emocional, um processo para dissolver as muralhas invisíveis e permitir que o rio da vida e do sentimento volte a fluir livremente através de nós.

É nesse delicado processo de resgate que o coração, antes enclausurado por votos esquecidos, começa a se abrir à possibilidade de um novo pulsar. Conforme a consciência se expande para reconhecer a origem sutil dos bloqueios, uma espécie de realinhamento se inicia: o que antes parecia uma emoção sem sentido passa a ter um contexto, uma história, uma raiz. E com esse reconhecimento vem a possibilidade de escolha — não mais a escolha automática ditada por um compromisso invisível, mas a escolha consciente de liberar, perdoar, desapegar. Emoções aprisionadas começam a ganhar voz, não mais como lamentos inconscientes, mas como expressões legítimas de um passado que clama por resolução. O sentir volta a ser fonte de conexão e não de dor.

Nesse estado de abertura, a cura emocional pode tomar formas inesperadas: sonhos reveladores, lembranças espontâneas, insights durante a meditação ou em momentos simples do cotidiano. Às vezes, é no silêncio da contemplação que a alma sussurra a verdade sobre aquilo que precisa ser solto. Técnicas como a escrita intuitiva, constelações familiares, regressão consciente ou até práticas artísticas podem ser veículos poderosos para trazer à tona as emoções reprimidas, resignificar o pacto e, finalmente, dissolver a couraça emocional. Cada bloqueio superado transforma-se em ponte para uma vivência mais rica e conectada — e a emoção, antes contida, transborda em novas formas de amar, de criar, de viver com presença.

À medida que essas travas internas se desfazem, a pessoa começa a perceber que sentir plenamente não é perigoso, mas essencial. Que viver com o coração aberto é o verdadeiro antídoto contra a dor do passado. E, sobretudo, que há uma sabedoria amorosa por trás de cada emoção, mesmo daquelas que um dia pareceram esmagadoras. O fluxo retorna, e com ele, a liberdade de ser inteiro novamente.

Capítulo 18
Limitações de Vida

A ressonância de pactos e votos antigos não se confina às paisagens interiores da mente e do coração, manifestando-se como padrões repetitivos, autossabotagem ou bloqueios emocionais. Sua influência oculta pode transbordar para o mundo exterior, cristalizando-se em limitações concretas que afetam diretamente as áreas mais vitais de nossa existência: nossa capacidade de prosperar, nossa saúde física, a qualidade de nossos relacionamentos e a própria sensação de propósito e direção na vida. Muitas vezes, são precisamente aqueles impedimentos mais persistentes, aquelas barreiras que parecem intransponíveis apesar de todos os nossos esforços e das soluções convencionais tentadas, que podem sinalizar a presença de um compromisso espiritual limitante operando nas sombras.

Observemos a esfera financeira. Quantas pessoas lutam incessantemente para alcançar estabilidade ou abundância, possuem inteligência, talento e trabalham arduamente, mas parecem presas num ciclo interminável de escassez? O dinheiro entra, mas some inexplicavelmente; oportunidades promissoras se desvanecem no último minuto; dívidas se acumulam apesar do controle rigoroso. Do ponto de vista puramente material ou psicológico, essas situações podem ser atribuídas a má gestão, crenças limitantes sobre dinheiro ou falta de sorte. No entanto, a perspectiva espiritual nos convida a considerar outra possibilidade: a influência de um antigo voto de pobreza ou renúncia. Alguém que, em algum momento de sua jornada anímica, jurou viver na simplicidade extrema ou renunciar aos bens materiais, pode carregar essa assinatura energética consigo. Sua energia, mesmo inconscientemente, ainda ressoa com a vibração da escassez "prometida", criando uma resistência sutil à prosperidade e atraindo circunstâncias que mantêm a dificuldade material, como se a alma ainda estivesse tentando honrar aquele velho contrato de desapego.

A área da saúde também pode refletir essas dinâmicas sutis. É claro que a vasta maioria das enfermidades tem causas biológicas, ambientais ou psicossomáticas bem estabelecidas. Contudo, em casos de doenças crônicas que desafiam diagnósticos claros, de condições que resistem a tratamentos convencionais, ou de uma sensação persistente de baixa vitalidade sem explicação médica, a possibilidade de uma influência energética ligada a pactos não deve ser descartada. Um voto de autossacrifício, por exemplo, onde a pessoa prometeu "dar a vida" por uma causa ou por alguém, pode traduzir-se numa tendência a negligenciar a própria saúde ou a esgotar suas energias vitais. O estresse energético de um pacto não resolvido, especialmente um que envolva culpa ou medo intensos, pode também, ao longo do tempo, impactar o corpo físico, contribuindo para o surgimento ou agravamento de certas condições. Ou, como mencionado, uma doença pode ser um eco kármico de eventos traumáticos associados a um pacto em vidas passadas. A investigação dessas possibilidades requer imenso discernimento, mas pode oferecer novas perspectivas onde a medicina convencional encontra seus limites.

Nos relacionamentos, as limitações impostas por pactos antigos podem ir além dos bloqueios emocionais e manifestar-se como uma incapacidade concreta de estabelecer ou sustentar laços afetivos saudáveis. A pessoa pode desejar ardentemente um companheiro, buscar ativamente, mas encontrar um deserto afetivo, ou apenas atrair relacionamentos superficiais, abusivos ou que terminam abruptamente. A sensação de solidão torna-se uma constante, uma limitação real que define sua experiência afetiva. Por trás disso, pode estar a força de um juramento de amor eterno feito a outra alma em outra vida, um voto de celibato, ou uma promessa de nunca mais se vincular intimamente após uma grande dor. O antigo compromisso funciona como uma barreira invisível, impedindo que novas conexões significativas se estabeleçam ou floresçam, mantendo a pessoa presa, na prática, à condição prometida.

Até mesmo nossa sensação de propósito e nossa trajetória profissional podem ser profundamente afetadas. Alguém que, num momento de fervor espiritual, jurou dedicar sua vida exclusivamente a Deus ou ao serviço espiritual, pode sentir um conflito interno dilacerante ao tentar seguir uma carreira mundana. Pode experimentar fracassos inexplicáveis, falta de realização ou uma sensação constante de estar no lugar errado, porque uma parte sua acredita que apenas a vocação espiritual originalmente prometida é legítima e válida. Outro indivíduo, talvez preso a um voto de permanecer sempre humilde ou invisível, pode ter grande dificuldade em assumir seu próprio valor, em buscar reconhecimento por seus talentos ou em alcançar posições de destaque, limitando concretamente seu potencial de realização profissional e pessoal. A sensação de andar em círculos, sem encontrar um rumo claro na vida, também pode, por vezes, estar ligada a votos restritivos que impedem a alma de explorar livremente seu verdadeiro potencial.

É importante considerar também a possibilidade de limitações impostas por pactos familiares. Nem sempre o vínculo limitante foi criado pelo próprio indivíduo na vida atual ou passada. Talvez um antepassado, em circunstâncias difíceis, tenha feito um juramento que, por lealdade familiar inconsciente ou por transmissão energética através das gerações, continua a afetar seus descendentes. Histórias de famílias que parecem "amaldiçoadas" com pobreza, doenças específicas ou tragédias repetidas podem, em alguns casos, ter origem num pacto antigo. Um exemplo seria um voto feito por um grupo familiar de nunca abandonar sua terra natal, o que poderia manifestar-se nas gerações seguintes como uma resistência inexplicável ou uma série de fracassos sempre que alguém tenta se mudar para buscar melhores oportunidades, limitando concretamente as opções de vida dos descendentes.

O que torna essas limitações particularmente frustrantes é que elas muitas vezes não cedem às soluções convencionais. A pessoa pode fazer terapia, buscar aconselhamento financeiro, seguir tratamentos médicos, mudar de emprego, mas a barreira invisível parece persistir. Isso ocorre precisamente porque a raiz do problema não está na superfície, mas naquele vínculo sutil, naquele contrato energético que as abordagens usuais não conseguem acessar ou dissolver.

Conectar essas limitações de vida concretas com a possibilidade de pactos ou contratos espirituais subjacentes oferece uma mudança de perspectiva radical e esperançosa. As dificuldades deixam de ser vistas como prova de incapacidade pessoal, azar crônico ou destino cruel. Elas passam a ser encaradas como possíveis efeitos de causas mais profundas, como sintomas de acordos energéticos que, uma vez identificados, podem ser trabalhados. A ideia transformadora é que, se essas barreiras são, em essência, cláusulas contratuais, então os contratos podem ser renegociados, atualizados ou até mesmo encerrados. Essa percepção abre um novo horizonte de possibilidades, acendendo a esperança de uma mudança real e duradoura através da abordagem da raiz espiritual e energética dessas limitações que tanto podem restringir nossa experiência de vida.

O passo seguinte é mergulhar com coragem nesse território sutil e muitas vezes nebuloso, onde residem os registros desses compromissos antigos. Trata-se de um trabalho interior que exige presença, honestidade e disposição para rever a história pessoal sob uma nova ótica — não como uma sucessão de falhas, mas como um percurso marcado por lealdades invisíveis e contratos esquecidos. A identificação desses pactos pode ocorrer por meio de insights espontâneos, práticas terapêuticas profundas ou experiências espirituais transformadoras. À medida que o indivíduo reconhece que certas limitações não correspondem ao seu desejo atual de expansão e plenitude, ele se vê diante da possibilidade de libertar-se dessas amarras com lucidez, respeito e intenção clara.

Esse processo de liberação não significa negar o valor ou a intenção original do pacto feito em outro tempo. Pelo contrário, reconhecê-lo é honrá-lo. Muitas vezes, esses compromissos foram firmados num contexto de dor, fé ou necessidade extrema, e entender isso com compaixão é parte essencial da cura. No entanto, é preciso lembrar que a alma evolui, e que o que um dia foi sagrado pode tornar-se obsoleto. Romper um voto antigo não é uma traição à própria história, mas um gesto de amadurecimento espiritual: é a permissão para viver de acordo com a consciência atual, em harmonia com os desejos legítimos do presente. Quando essa decisão é tomada com clareza e integridade, ela atua como uma chave que destranca a porta das possibilidades antes vedadas, permitindo que as oportunidades outrora bloqueadas comecem a se manifestar com naturalidade.

Assim, a vida deixa de ser um labirinto de tentativas frustradas para tornar-se um campo fértil de criação consciente. Com os pactos dissolvidos, as energias outrora canalizadas para manter o antigo contrato passam a servir ao florescimento do novo. A saúde melhora, os caminhos profissionais se ampliam, os relacionamentos tornam-se mais verdadeiros, e a abundância começa a fluir com menos resistência. A alma, agora liberta dos grilhões invisíveis do passado, reencontra sua capacidade de escolher com liberdade plena, dando novos passos na direção de uma existência mais leve, coerente e luminosa.

Capítulo 19
Sombra do Passado

Percorremos um caminho sinuoso e por vezes sombrio, explorando a natureza dos pactos, votos e juramentos, desde o clamor desesperado que lhes dá origem até as intrincadas teias de consequências que se estendem pelos planos energético, kármico, emocional e comportamental. Vimos como a força da palavra empenhada pode criar laços invisíveis, como esses vínculos podem atravessar vidas, como sua quebra gera desalinhamentos e dívidas espirituais, e como se manifestam em padrões repetitivos, autossabotagem, bloqueios emocionais e limitações concretas em nossa existência. Agora, ao final desta análise aprofundada dos efeitos desses compromissos, emerge uma imagem sintética, uma metáfora poderosa para encapsular a influência persistente e muitas vezes inconsciente que eles exercem: a imagem de uma sombra do passado que acompanha muitos de nós.

Essa sombra não é feita de ausência de luz, mas da substância de palavras outrora proferidas e nunca liberadas, de intenções cristalizadas que perderam seu propósito original mas não sua força energética. É uma presença etérea, invisível aos olhos, mas frequentemente palpável para a sensibilidade da alma. Ela nos segue como uma segunda silhueta, projetada não pela luz do sol, mas pela massa de nossos próprios compromissos não resolvidos, pelas energias estagnadas de votos esquecidos, pelas lições kármicas ainda pendentes relacionadas à nossa palavra dada. É a bagagem acumulada de acordos espirituais que, por ignorância, medo ou impossibilidade, deixamos de honrar ou de conscientemente dissolver.

Como se sente viver sob essa sombra do passado? Muitas vezes, ela se manifesta como uma sensação difusa, mas constante, de que há "algo pendente". Uma inquietação sutil, uma dificuldade em relaxar completamente, em sentir uma paz profunda e duradoura. Pode ser a impressão de carregar um peso sem nome, uma responsabilidade invisível cujo conteúdo exato nos escapa, mas cuja pressão sentimos nos ombros ou no coração. É uma falta de leveza, uma dificuldade em habitar plenamente a alegria do momento presente, como se uma parte de nós estivesse sempre atenta a uma tarefa inacabada, a uma conta não saldada em algum lugar do vasto livro-razão da alma.

Mesmo nos momentos mais felizes e luminosos da vida, essa sombra pode encontrar uma fresta para se insinuar. Uma onda súbita de melancolia que surge sem motivo aparente em meio a uma celebração. Um pensamento fugaz de indignidade que atravessa a mente no instante de receber um elogio sincero. Um impulso inexplicável de autossabotagem que ameaça arruinar uma conquista pela qual tanto lutamos. Esses podem ser os sussurros da sombra, lembretes sutis de que há um vínculo não resolvido, uma lealdade antiga que ainda reivindica sua parte de nossa energia e atenção, impedindo-nos de abraçar a felicidade sem reservas. A sombra atua como uma âncora sutil, sempre pronta a nos puxar de volta para as águas mais turvas de nossos compromissos passados.

 Reconhecer a existência potencial dessa sombra é um passo de importância crucial, talvez o mais decisivo na jornada rumo à libertação. Enquanto negamos sua presença, enquanto atribuímos todas as nossas dificuldades apenas a fatores externos ou a falhas de caráter recentes, continuamos irremediavelmente presos a ela. A sombra alimenta-se do não dito, do não visto, do não reconhecido. Ela prospera na escuridão da nossa ignorância ou da nossa recusa em olhar para as camadas mais profundas de nossa história anímica. No entanto, no momento em que ousamos confrontar a possibilidade de estarmos vivendo sob os efeitos de decisões espirituais passadas, algo fundamental começa a mudar.

 Ao encarar de frente essa possibilidade, a sombra do passado começa a perder seu poder assustador. Ela deixa de ser um fantasma ameaçador, uma força desconhecida e incontrolável que nos assombra. Transforma-se em algo que pode ser nomeado, investigado, compreendido. Passa a ser vista não como uma condenação, mas como uma parte integrante de nossa jornada, um conjunto de lições e energias que precisam ser trazidas à luz, acolhidas e, eventualmente, transmutadas. A sombra torna-se um mapa que, embora aponte para territórios difíceis, também indica o caminho para tesouros escondidos de autoconhecimento e cura. O medo do desconhecido começa a dar lugar à curiosidade e à determinação de iluminar essas áreas escuras de nossa própria história.

Este processo de reconhecimento e aceitação da possível influência da sombra do passado serve como uma preparação psicológica indispensável para os passos seguintes. Tendo percorrido os capítulos anteriores, o leitor agora possui um entendimento mais claro do que são esses pactos e votos, como eles se formam, como atuam através de mecanismos energéticos e kármicos, e como podem limitar a vida de maneiras sutis e concretas. Esta fase diagnóstica se encerra aqui. A natureza do problema foi exposta em suas diversas facetas. O conhecimento adquirido não tem como objetivo gerar medo ou resignação, mas sim empoderar através da compreensão.

Com a consciência desperta para a presença potencial dessa sombra e para os mecanismos que a sustentam, a motivação para buscar a luz da liberdade acende-se naturalmente. Se compreendemos como as correntes nos prendem, passamos a desejar ardentemente encontrar as chaves que podem nos soltar. A jornada agora se desloca do diagnóstico para a ação, da compreensão do problema para a busca ativa da solução. Os próximos passos nos guiarão através dos métodos para identificar os sinais específicos desses pactos em nossa vida, para acessar as memórias que podem revelar sua origem e, finalmente, para empreender os processos de liberação e cura que nos permitirão dissipar a sombra do passado e caminhar rumo a um futuro mais luminoso e autêntico.

Essa travessia entre o reconhecimento e a libertação exige mais do que a compreensão intelectual do que são os pactos e seus efeitos. Ela convida a um mergulho sincero nas camadas mais íntimas da alma, onde ainda vibram, por vezes com intensidade insuspeita, os ecos de promessas esquecidas. O verdadeiro encontro com a sombra do passado acontece não quando a estudamos de fora, mas quando a sentimos de dentro — no corpo, nas emoções, nos gestos automáticos que insistem em repetir velhos roteiros. A cura se inicia quando deixamos de ver a sombra como algo a ser temido ou negado e começamos a tratá-la como parte legítima de nossa história, uma parte que apenas pede para ser ouvida, integrada e finalmente libertada.

Esse tipo de acolhimento não é um gesto passivo, mas um ato radical de responsabilidade espiritual. Significa assumir que, mesmo inconscientemente, algo em nós consentiu, um dia, em firmar os laços que agora desejamos desfazer. E ao fazer isso, descobrimos também o poder que temos de reescrever esses acordos. O compromisso se transforma: de um pacto selado pela dor ou pela ignorância, passamos a firmar um novo voto — o de viver em alinhamento com a verdade do presente, com os valores que hoje nos sustentam e com o amor que desejamos cultivar. A sombra, quando atravessada com consciência, deixa de obscurecer o caminho e começa a revelar a sua luz latente.

É a partir dessa nova clareza que podemos, enfim, direcionar nosso olhar para o que vem adiante. A jornada de cura que se anuncia exige ferramentas, práticas, rituais e, sobretudo, presença. Se até aqui o caminho foi de revelação e reconhecimento, os próximos passos serão de transformação consciente. Munidos do entendimento profundo sobre a sombra e os pactos, caminhamos agora não como vítimas de uma herança oculta, mas como autores de uma nova narrativa, dispostos a resgatar a soberania sobre nosso destino espiritual e a caminhar com mais leveza rumo à inteireza que sempre nos pertenceu.

Capítulo 20
Sinais do Pacto

A jornada até aqui nos permitiu compreender a natureza profunda dos pactos e votos, a força que possuem e as múltiplas formas como sua influência, muitas vezes oculta, pode moldar nossa realidade, projetando a sombra do passado sobre nosso presente. Reconhecer essa possibilidade é libertador em si mesmo, pois nos retira da posição de vítimas passivas de forças desconhecidas. Agora, porém, a investigação avança um passo crucial: da compreensão geral do fenômeno para a exploração pessoal. Como identificar, em nossa própria vida, os sinais e indícios concretos de que podemos estar atados por esses compromissos antigos? Inicia-se aqui uma fase de detetive da alma, um convite para perscrutar nossa experiência com novos olhos, atentos às pistas sutis que podem revelar a presença desses vínculos espirituais.

O primeiro passo nessa investigação pessoal é uma autoanálise guiada, uma série de questionamentos honestos que podemos dirigir a nós mesmos. Reserve um tempo de quietude, respire fundo e reflita, sem julgamentos, sobre as seguintes áreas: Há algo em sua vida, talvez um desafio específico ou uma limitação persistente, que parece absolutamente impossível de mudar, por mais que você tente, por mais que aplique diferentes estratégias? Sente, mesmo que vagamente, como se tivesse feito alguma promessa muito importante em algum momento, algo que exige sua lealdade ou seu esforço, ainda que não consiga lembrar claramente do quê, quando ou a quem prometeu? Existem medos intensos ou emoções recorrentes em sua vida – talvez uma tristeza profunda, uma ansiedade específica, uma dificuldade em confiar – que parecem desproporcionais ou inconsistentes com sua história de vida atual, como se pertencessem a outro roteiro? Revisite os padrões repetitivos que identificou anteriormente: eles se encaixam em algum dos temas arquetípicos de votos que discutimos, como pobreza, solidão, sacrifício, obediência ou vingança? Há alguma área onde você consistentemente se autossabota, agindo contra seus próprios desejos conscientes de felicidade ou sucesso? Essas perguntas não visam fornecer respostas definitivas, mas sim ativar sua intuição e sua memória celular, trazendo à superfície possíveis áreas de ressonância com o tema dos pactos.

Além da introspecção direta, o universo muitas vezes nos envia pistas através de sincronicidades e sonhos reveladores. Preste atenção a "coincidências" significativas. Você tem encontrado repetidamente referências a um período histórico específico, a um símbolo particular (como correntes, contratos, mantos religiosos, espadas), ou ao próprio tema de votos e juramentos em livros, filmes, conversas ou mesmo em lugares inesperados? Essas ocorrências sincronísticas podem ser cutucões do seu eu superior ou do universo, chamando sua atenção para algo relevante em sua história anímica. Da mesma forma, os sonhos podem ser portais para o subconsciente e para memórias mais profundas. Sonhos repetitivos que o transportam para épocas passadas, que apresentam símbolos de aprisionamento ou de compromisso solene, ou que evocam sentimentos intensos de culpa, dever ou lealdade inexplicável, podem ser fragmentos de memórias de vidas passadas onde votos importantes foram feitos. Anote esses sonhos, mesmo os mais estranhos ou fragmentados, pois eles podem conter peças valiosas do quebra-cabeça.

Nossa própria linguagem quotidiana também pode conter ecos inconscientes desses antigos compromissos. Comece a observar as frases feitas, as expressões idiomáticas ou as crenças que você verbaliza com frequência, especialmente em momentos de dificuldade ou reflexão. Você costuma dizer coisas como: "Ah, isso é meu carma", "Eu devo ter feito algo para merecer isso", "Sinto que tenho um fardo pesado para carregar", "Promessa é dívida" (dito com um peso particular), ou "Eu nunca vou conseguir ser rico/feliz/amado"? Essas expressões, embora muitas vezes usadas de forma casual na cultura, podem, em alguns casos, ser reflexos literais de crenças profundamente enraizadas sobre dívidas espirituais ou limitações autoimpostas originadas em pactos passados. Prestar atenção às palavras que saem de sua boca pode revelar muito sobre os programas que rodam em seu subconsciente.

Talvez um dos sinais mais poderosos e diretos seja a resposta intuitiva e visceral. Muitas pessoas, ao lerem sobre pactos e votos, ou ao ouvirem histórias que descrevem situações de compromissos espirituais (especialmente aqueles feitos em circunstâncias dramáticas ou em contextos históricos específicos), sentem uma reação física ou emocional imediata e inexplicável. Pode ser um arrepio que percorre a espinha, uma sensação súbita de aperto no peito, uma onda de tristeza ou medo que emerge sem aviso, ou mesmo uma forte sensação de *déjà vu*, um "eu já passei por isso" ou "isso me soa estranhamente familiar". Esse reconhecimento interno, essa ressonância que ocorre no nível celular ou anímico, é um indicador muito forte de que o tema dos pactos toca em algo pessoal e relevante em sua própria história espiritual. Confie nessas reações viscerais; elas são a linguagem da alma apontando para áreas que merecem investigação.

    O processo de identificar esses sinais é como montar um quebra-cabeça complexo sobre sua própria vida espiritual. Cada pista – um padrão repetitivo, um sonho simbólico, uma frase habitual, uma reação intuitiva – é uma peça. No início, as peças podem parecer desconexas, mas à medida que você as reúne com paciência e atenção, uma imagem mais clara pode começar a emergir. É importante não tirar conclusões precipitadas nem se deixar levar pela fantasia. Apenas observe, colete as pistas, anote suas percepções.

    Por isso, é altamente recomendável manter um diário ou um caderno dedicado a essa investigação. Anote as perguntas que mais ressoaram em você e as respostas ou sentimentos que surgiram. Registre os sonhos relevantes, as sincronicidades observadas, as frases que você se pega repetindo. Descreva as sensações físicas ou emocionais que surgem ao refletir sobre esses temas. Esse registro será um mapa valioso de seu território interior, um repositório de dados que se mostrará extremamente útil à medida que avançamos para as próximas etapas: explorar as memórias espirituais que podem conter a chave para a origem desses pactos e, finalmente, empreender o trabalho de liberação.

Essa prática de auto-observação contínua não visa apenas descobrir uma origem escondida ou traçar a genealogia de um pacto antigo; ela é, sobretudo, um ato de presença consigo mesmo, um gesto de escuta amorosa à alma. O diário se torna, nesse sentido, uma extensão do campo de consciência — um lugar onde a intuição pode ganhar forma, onde insights sutis se tornam visíveis, e onde pequenos sinais antes despercebidos começam a compor um todo coerente. À medida que esse mapa interior vai sendo desenhado, é comum que memórias espontâneas comecem a emergir, acompanhadas por sensações de reconhecimento. O que parecia apenas uma hipótese começa a ganhar textura e densidade emocional. Nesse ponto, a investigação se aprofunda e passa a tocar em camadas mais sensíveis, exigindo cuidado, paciência e, acima de tudo, honestidade interna.

O mais transformador nesse processo é perceber que os sinais não surgem para aprisionar, mas para libertar. Eles não são acusações do passado, mas convites do presente. Apontam para áreas onde a energia da vida ainda está retida, pedindo liberação. Quando escutamos com atenção esses chamados — o padrão que retorna, a emoção que insiste, o sonho que repete, a palavra que pesa — damos o primeiro passo rumo a um reencontro com partes esquecidas de nós mesmos. É como se a alma, por meio desses códigos simbólicos e emocionais, buscasse nossa colaboração consciente para reescrever sua história, para quebrar os elos que já não servem e restabelecer o fluxo natural da existência.

A clareza que nasce desse reconhecimento prepara o terreno para o trabalho de liberação com muito mais profundidade e eficácia. A mente já não resiste, o coração se abre, e a alma se sente vista. Quando sabemos onde olhar, quando compreendemos os sinais como mensagens e não como sentenças, tornamo-nos aptos a agir com consciência e precisão. Identificar os vestígios de pactos espirituais é, portanto, mais do que um exercício de análise: é o começo da cura. E com esse início, a jornada rumo à libertação deixa de ser uma abstração espiritual e passa a ser uma realidade concreta, trilhada passo a passo, com presença, coragem e verdade.

Capítulo 21
Memória Espiritual

A fase de investigação pessoal, iniciada com a busca por sinais e indícios de pactos antigos em nossa vida, nos fornece um mapa preliminar, um conjunto de pistas que apontam para a possível existência de vínculos não resolvidos. No entanto, para compreender verdadeiramente a natureza e o poder desses laços, muitas vezes precisamos ir além dos sintomas presentes e buscar sua origem, o momento e o contexto em que foram forjados. Isso nos convida a mergulhar nas águas profundas de nossa própria consciência, a explorar territórios que transcendem a memória biográfica comum desta existência. Adentramos aqui o reino da memória espiritual, a vasta biblioteca da alma onde estão arquivadas as experiências, as lições e, crucialmente, os compromissos assumidos ao longo de sua extensa jornada.

Nossa capacidade de recordar não se limita às experiências vividas desde o nascimento neste corpo físico. Além da memória cerebral, acessível à consciência quotidiana, possuímos registros muito mais profundos, gravados na própria essência de nosso ser espiritual. Essa memória expandida abarca não apenas os eventos desta vida que foram relegados ao subconsciente, mas também as reminiscências de outras encarnações, as experiências vividas nos períodos entre vidas, e os acordos e planos traçados em níveis mais elevados de consciência. É nesse acervo anímico que frequentemente residem as raízes dos pactos e votos mais impactantes, aqueles que continuam a exercer sua influência oculta sobre nós. Acessar essa memória espiritual, portanto, não é um exercício de curiosidade mórbida sobre o passado, mas uma ferramenta poderosa para compreender as causas subjacentes aos nossos desafios presentes e encontrar as chaves para a nossa libertação.

Existem diferentes caminhos e métodos para acessar essas camadas mais profundas da memória. Alguns indivíduos sentem-se atraídos por abordagens mais formais, como a regressão de memória. Através de técnicas de relaxamento profundo e visualização guiada, muitas vezes facilitadas por um terapeuta treinado, a pessoa pode ser conduzida a um estado alterado de consciência onde cenas, sentimentos ou informações de vidas passadas podem emergir. Nesses estados, é possível reviver ou testemunhar momentos significativos onde juramentos foram feitos, votos foram assumidos ou pactos foram selados, ganhando uma compreensão direta do contexto e da carga emocional envolvidos. Outra abordagem formal é a leitura dos registros akáshicos, onde se busca acessar, através de práticas meditativas específicas ou com a ajuda de um leitor intuitivo, a "biblioteca universal" que contém a história de cada alma, a fim de obter informações claras sobre contratos espirituais e compromissos passados que ainda estejam ativos e impactando a vida atual.

No entanto, é fundamental enfatizar que não é necessário recorrer a métodos formais ou a intermediários para começar a acessar a própria memória espiritual. Para muitas pessoas, insights profundos podem surgir espontaneamente através de práticas mais simples e acessíveis. A meditação regular, por exemplo, ao aquietar o ruído da mente consciente e cultivar um estado de receptividade interior, cria um terreno fértil para que lampejos de memória, imagens simbólicas ou sentimentos relacionados a compromissos passados possam emergir naturalmente. Manter uma intenção clara durante a meditação – por exemplo, pedir compreensão sobre a origem de um padrão repetitivo ou de um bloqueio específico – pode direcionar a sabedoria interior para trazer à tona informações relevantes. Da mesma forma, a prece sincera, feita com o coração aberto e um desejo genuíno de entendimento, pode abrir canais de comunicação com nosso eu superior ou com guias espirituais, que podem então nos fornecer insights através da intuição, de sonhos significativos ou de sincronicidades no mundo exterior.

Independentemente do método escolhido, criar um ambiente propício é essencial para facilitar a emergência dessas memórias sutis. Procure momentos de silêncio e tranquilidade, onde você não seja interrompido. Defina uma intenção clara, mas gentil: o desejo de conhecer a verdade sobre seu passado espiritual na medida em que isso sirva ao seu bem maior no presente. Cultive uma mente aberta e receptiva, disposta a acolher o que quer que surja – podem ser imagens vívidas, mas também podem ser apenas sensações corporais, emoções intensas, palavras soltas ou uma súbita sensação de "saber" algo sem saber como sabe. Evite o julgamento imediato ou a tentativa de analisar racionalmente tudo o que emerge; apenas observe e registre. Tenha paciência e confie no processo; as informações podem vir em fragmentos, ao longo do tempo, e não necessariamente numa única sessão reveladora.

    É natural sentir algum receio ou apreensão ao contemplar a possibilidade de acessar memórias de vidas passadas, especialmente aquelas que podem envolver traumas ou compromissos difíceis. Aqui, é vital confiar na sabedoria inerente à sua própria alma e ao universo. Sua consciência profunda só revelará aquilo que você está verdadeiramente pronto para enfrentar, processar e integrar no momento atual. Se conhecer a origem de um pacto específico for essencial para sua cura e evolução agora, a informação encontrará uma maneira segura e apropriada de chegar até você. Não haverá uma avalanche de memórias caóticas ou insuportáveis. O processo é geralmente gradual, guiado por uma inteligência amorosa que respeita seus limites e seu ritmo de crescimento.

    Muitas pessoas que se aventuraram a explorar sua memória espiritual relatam experiências profundamente transformadoras. Ao descobrirem a origem de um voto de pobreza numa vida monástica, finalmente compreenderam sua luta crónica com o dinheiro. Ao recordarem um juramento de vingança feito numa guerra antiga, entenderam a raiz de sua raiva recorrente. Ao acessarem a memória de uma promessa de amor eterno feita a uma alma gémea em outra era, perceberam por que se sentiam tão incompletas ou incapazes de se entregar a novos relacionamentos. Essas descobertas, embora por vezes dolorosas no início, trouxeram um imenso alívio, uma clareza libertadora e um novo sentido para os desafios que enfrentavam. Elas perceberam que não eram falhas ambulantes, mas almas carregando histórias complexas que precisavam ser compreendidas e curadas.

Portanto, o convite é para explorar seu interior sem medo. As chaves para desvendar os mistérios de seus próprios padrões, bloqueios e limitações residem nas profundezas de sua própria consciência expandida. Acessar a memória espiritual não é um ato de escapismo para o passado, mas um passo corajoso e necessário para resgatar informações vitais que podem iluminar seu presente e liberar seu futuro.

Em meio a essa jornada de revelações interiores, torna-se cada vez mais claro que a memória espiritual não apenas fornece respostas, mas também convoca à responsabilidade. Ao emergirem lembranças de votos, pactos e experiências remotas, somos chamados a acolher tais revelações com maturidade, conscientes de que conhecer o passado é apenas o primeiro passo. A verdadeira transformação ocorre quando integramos esse conhecimento à vida atual, revisando nossos padrões à luz do que foi desvelado e tomando decisões mais alinhadas com quem realmente somos hoje. Não se trata de carregar culpas ancestrais, mas de reconhecer que, em algum momento, fomos coautores de escolhas que agora nos oferecem a chance de crescimento e libertação.

Nesse processo, o perdão surge como uma das ferramentas mais poderosas. Perdoar a si mesmo por antigos enganos, libertar outros de vínculos invisíveis sustentados por dor ou lealdade mal compreendida, e desfazer, com consciência e compaixão, os nós que ainda nos prendem a histórias já encerradas: tudo isso colabora para a reconfiguração do campo energético pessoal. A memória espiritual, quando acolhida com humildade, não reforça identidades passadas, mas as dissolve no fluxo contínuo da evolução. Ela nos permite olhar para trás apenas o suficiente para compreender, agradecer e seguir adiante com mais leveza e propósito.

Reconhecer o valor dessas lembranças é reconhecer também o poder que temos no agora. Cada fragmento recuperado, cada sensação reencontrada, cada intuição validada, são peças que ajudam a compor o mosaico da alma em seu processo de unificação. A jornada para dentro da memória espiritual é, na essência, uma jornada de reconexão: com a verdade, com o amor, com a inteireza que sempre esteve ali, apenas esperando ser lembrada.

Capítulo 22
Vínculos Herdados

A exploração da memória espiritual nos abre portas para compreender as origens de muitos dos nossos desafios e limitações, traçando-os de volta a compromissos assumidos por nossa própria alma em algum ponto de sua vasta jornada. Contudo, a tapeçaria da existência é tecida com fios que se entrelaçam de maneiras complexas, e nossa história individual está inextricavelmente ligada à história daqueles que vieram antes de nós. Para além dos pactos e votos que nós mesmos criamos, existe outra categoria de vínculos energéticos que podem influenciar profundamente nossa vida: os vínculos espirituais herdados de nossos ancestrais, de nossa linhagem familiar. A sombra do passado que nos acompanha pode, por vezes, não ser projetada apenas por nossas próprias ações pretéritas, mas também pelas promessas, maldições ou acordos firmados por nossos antepassados.

A ideia de que as ações e os compromissos de uma geração possam reverberar nas seguintes não é nova, encontrando ecos em tradições culturais e espirituais por todo o mundo. Numa perspectiva energética e kármica, isso pode ocorrer de diversas maneiras. Uma delas é através da herança kármica familiar. Assim como herdamos traços físicos e predisposições genéticas, podemos também herdar certas cargas energéticas ou padrões kármicos que se tornaram parte do campo morfogenético da família. Um pacto forte ou uma maldição proferida contra um ancestral, se não resolvidos ou neutralizados, podem deixar um resíduo energético que se transmite através das gerações, manifestando-se como tendências a certos infortúnios, doenças ou padrões de comportamento nos descendentes. Outra via de influência pode ser mais direta, através da ação de espíritos ancestrais que, ainda presos a seus próprios votos ou às consequências de seus pactos, podem, consciente ou inconscientemente, influenciar a vida de seus familiares encarnados, seja por apego, por desejo de controle ou mesmo por uma tentativa distorcida de proteção.

Exemplos dessas dinâmicas abundam no folclore e nas histórias familiares. Quantas famílias não carregam lendas sobre uma "maldição" que se abateu sobre a linhagem devido a um pacto sinistro feito por um antepassado distante em troca de riqueza ou poder? Ou histórias de infortúnios recorrentes atribuídos a uma promessa quebrada a um santo ou a uma entidade protetora da família? Para além do folclore, podemos observar padrões mais concretos e verificáveis em certas linhagens: famílias onde a pobreza parece ser um destino inescapável, apesar dos esforços de cada geração; clãs onde as tragédias amorosas se repetem com uma regularidade assustadora; linhagens marcadas por doenças específicas que desafiam explicações puramente genéticas. Embora múltiplas causas possam contribuir para esses padrões, a perspectiva espiritualista sugere que um voto coletivo antigo, uma promessa feita por um patriarca ou matriarca influente, ou um pacto familiar não resolvido podem estar atuando como um dos fatores subjacentes, criando um campo energético que predispõe à repetição daquele destino específico.

Dentro dessa complexa teia familiar, a visão espiritualista aponta para um fenômeno interessante: muitas vezes, um membro específico da família, talvez aquele com maior sensibilidade espiritual, maior consciência ou simplesmente uma alma mais "antiga" e comprometida com a cura, pode inconscientemente assumir o fardo de resgatar a linhagem desses antigos contratos. Essa pessoa pode sentir em sua própria vida, de forma mais intensa, os efeitos do vínculo herdado – as limitações, os padrões, os sofrimentos. Ela se torna o ponto focal onde a energia não resolvida do sistema familiar se concentra, não como uma punição, mas como uma oportunidade. É como se a alma da família, em sua busca por equilíbrio e evolução, designasse um de seus membros para carregar a tocha da consciência e empreender o trabalho necessário para quebrar as correntes que prendem todo o clã. Essa pessoa pode sentir um chamado interior inexplicável para investigar o passado familiar, para buscar terapias de cura transgeracional, ou simplesmente sentir um peso desproporcional que a impulsiona a buscar respostas mais profundas.

Isso nos convida a expandir nossa investigação para além de nossa memória pessoal e a mergulhar na história de nossa própria família. Torne-se um genealogista da alma. Converse com parentes mais velhos, ouça atentamente as histórias que são contadas sobre seus antepassados, mesmo aquelas que parecem lendas ou superstições. Que dificuldades eles enfrentaram? Havia padrões de comportamento ou destino que se repetiam? Existem relatos sobre promessas feitas em momentos de desespero, devoções fervorosas a santos ou entidades específicas em troca de proteção ou milagres? Há segredos de família guardados a sete chaves, eventos traumáticos ou decisões difíceis sobre os quais ninguém fala? Muitas vezes, é justamente no silêncio, naquilo que não é dito, que residem as pistas mais importantes sobre pactos ou votos ocultos que podem estar ainda vibrando no campo energético familiar. Observe também padrões objetivos: doenças que se repetem, tendências a vícios, dificuldades financeiras crônicas, padrões de relacionamento, limitações geográficas inexplicáveis.

Um dos mecanismos mais poderosos que perpetuam esses vínculos herdados é a lealdade familiar inconsciente. Movidos por um amor profundo e uma necessidade primordial de pertencimento ao nosso clã, podemos, sem a menor consciência, repetir os destinos difíceis de nossos pais, avós ou bisavós. Se eles sofreram com a escassez, podemos inconscientemente bloquear nossa própria prosperidade para não "traí-los" ou nos sentirmos culpados por ter mais do que eles. Se eles viveram relacionamentos infelizes, podemos repetir esse padrão para nos mantermos leais à sua experiência. Essa lealdade invisível pode até mesmo nos levar a sustentar energeticamente os votos que eles fizeram, vivendo sob as limitações de promessas que não foram nossas, simplesmente por um desejo inconsciente de honrar aqueles que nos deram a vida. É um amor que, embora bem-intencionado em sua raiz, acaba por perpetuar o sofrimento através das gerações.

Reconhecer que nem todos os vínculos espirituais que nos afetam foram criados diretamente por nossa alma individual alarga significativamente nossa abordagem da libertação. O trabalho de cura não se limita mais a resgatar nossas próprias memórias e resolver nossos pactos pessoais. Ele se expande para incluir a possibilidade de identificar e liberar laços que herdamos de nossa linhagem. Isso implica olhar para nossa história familiar com compaixão, sem julgamento, buscando compreender as circunstâncias difíceis que podem ter levado nossos antepassados a fazer certos compromissos.

A beleza desse trabalho transgeracional reside em seu potencial de cura exponencial. Ao identificar e conscientemente romper um pacto herdado que estava limitando sua própria vida, você não está apenas se libertando. Você está, num nível energético sutil, oferecendo uma possibilidade de paz e resolução também para seus ancestrais que podem ainda estar presos àquela energia. E, igualmente importante, você está limpando o caminho para as gerações futuras de sua família, garantindo que elas não precisem mais carregar aquele fardo específico. Torna-se um ato de serviço amoroso que reverbera através do tempo, curando o passado, liberando o presente e abençoando o futuro de toda a sua árvore genealógica.

Essa tomada de consciência amplia nosso papel na história familiar, convidando-nos a nos posicionar não apenas como descendentes, mas como agentes ativos de cura. Ao reconhecer os vínculos herdados que nos atravessam, também nos damos conta do poder que temos para transmutá-los. É como se, ao assumirmos esse trabalho interno, estivéssemos respondendo a um chamado silencioso lançado pelas gerações que nos antecederam — um chamado para libertar o fluxo da vida de antigos entraves e permitir que novos caminhos se abram. Esse processo, embora muitas vezes desafiador, é profundamente transformador, pois dissolve não só as amarras invisíveis que nos prendiam ao sofrimento, mas também resgata a dignidade das histórias esquecidas, devolvendo luz onde antes havia sombra.

  Ao nos engajarmos conscientemente nesse movimento, podemos recorrer a diversas ferramentas de cura, como constelações familiares, rituais de reconciliação simbólica, cartas de liberação ou simples atos de homenagem respeitosa aos nossos ancestrais. Cada gesto de escuta e de integração representa um passo no sentido de restaurar o equilíbrio do sistema familiar, permitindo que o amor flua livremente. Não se trata de buscar culpados no passado, mas de olhar com maturidade para as escolhas feitas em outros contextos, com os recursos que estavam disponíveis na época. Quando tocamos essas feridas herdadas com compaixão, criamos a possibilidade de romper com a repetição automática e viver com mais autenticidade, assumindo apenas aquilo que de fato nos pertence.

    Ao rompermos os vínculos espirituais herdados que limitavam nossa expressão plena, abrimos espaço para uma nova relação com nossa ancestralidade: uma que não é pautada por lealdades silenciosas e sacrifícios inconscientes, mas por gratidão, liberdade e continuidade. Passamos a honrar nossos antepassados não pela repetição de suas dores, mas pela capacidade de seguir adiante levando consigo a força, a sabedoria e a história deles — agora transmutadas em amor lúcido. Esse é o verdadeiro legado que podemos deixar: um campo familiar mais leve, mais desperto, onde os que vierem depois de nós possam caminhar com os próprios pés, livres para escrever novos capítulos de sua jornada.

Capítulo 23
Resgate do Passado

A jornada de investigação nos permitiu reunir pistas valiosas – padrões repetitivos, sonhos simbólicos, reações intuitivas, histórias familiares – que apontam para a possível presença de pactos e votos antigos influenciando nossa vida. Talvez tenhamos até mesmo acessado fragmentos de memória espiritual que nos deram vislumbres da origem desses compromissos. Armados com essa crescente consciência, chegamos agora a um ponto de inflexão crucial: o momento de não apenas observar ou compreender, mas de ativamente engajar com essas memórias e energias do passado, num ato de profundo resgate e cura interior. É hora de estender a mão através do tempo, não para reviver a dor, mas para libertar aquelas partes de nós mesmos que ficaram presas nos grilhões de antigas promessas.

Este resgate do passado é um trabalho delicado e sagrado, uma reconexão amorosa com nossa própria história espiritual. Requer coragem para olhar para momentos que podem ter sido difíceis, mas acima de tudo, exige uma dose imensa de compaixão. Antes de iniciar, encontre um momento e um lugar onde se sinta seguro, tranquilo e sem interrupções. Respire profundamente algumas vezes, centrando-se no momento presente. Defina uma intenção clara para este trabalho interior: a intenção de compreender, acolher e liberar amorosamente qualquer pacto ou voto que já não sirva ao seu bem maior, pedindo o apoio e a orientação de sua sabedoria interior, de seu eu superior ou de seus guias espirituais.

Permita-se entrar num estado meditativo e relaxado. Visualize uma linha do tempo estendendo-se à sua frente e atrás de você, representando sua jornada anímica através desta vida e, potencialmente, de outras. Com sua intenção focada, peça gentilmente à sua sabedoria interior que o conduza ao momento e ao local onde um pacto específico, que você suspeita estar ativo (talvez um identificado através dos exercícios anteriores), foi originalmente firmado. Não force a visualização; esteja aberto a receber a informação da forma que ela vier – pode ser uma imagem clara, um sentimento difuso, uma palavra solta, uma sensação corporal ou simplesmente um saber interior. Confie que você será levado ao ponto de origem relevante para sua cura neste momento.

Ao se encontrar "diante" dessa cena ou sentimento do passado, a atitude mais importante é a da compaixão radical. Lembre-se: você está observando uma versão anterior de si mesmo, uma alma que provavelmente estava operando a partir de um lugar de medo, dor, ignorância, desespero ou talvez de um idealismo ingênuo. Resista a qualquer impulso de julgar, criticar ou condenar essa versão passada por ter feito aquele juramento. Em vez disso, procure compreender as circunstâncias. Pergunte internamente, com empatia: Por que essa alma (eu mesmo, em outro tempo) sentiu a necessidade de fazer tal promessa? Qual era a ameaça percebida? Qual era a dor que tentava evitar? Qual era a necessidade que buscava suprir? Muitas vezes, o pacto foi a única solução que aquela consciência conseguiu vislumbrar em meio a circunstâncias esmagadoras ou a uma compreensão limitada da vida.

Acolha essa versão passada de si mesmo como se estivesse acolhendo um ancestral querido que sofreu. Envie-lhe mentalmente sentimentos de amor, compreensão e aceitação. Reconheça sua luta, sua dor, sua intenção (mesmo que o resultado do pacto tenha se tornado limitante). Este ato de acolhimento compassivo já é profundamente curativo e começa a suavizar a energia endurecida do antigo compromisso.

Então, inicia-se o ato de resgate propriamente dito, que se compõe de três movimentos essenciais: reconhecimento, honra e liberação. Primeiro, reconheça claramente o pacto feito. Você pode dizer internamente, dirigindo-se àquela versão passada: "Eu vejo você. Eu reconheço a promessa/voto/pacto que você fez aqui, neste momento, nestas circunstâncias." Em seguida, honre a intenção ou o aprendizado. Mesmo os pactos mais limitantes podem ter tido uma intenção positiva original (proteger, sobreviver, amar, servir) ou podem ter proporcionado lições valiosas ao longo do tempo. Encontre algo para honrar: "Eu compreendo por que você sentiu que precisava fazer isso. Honro sua força/seu amor/sua intenção de proteger/sua busca por segurança. Agradeço pela jornada e pelos aprendizados que esse compromisso, mesmo difícil, nos trouxe."

Finalmente, o passo culminante: liberar gentilmente, mas com firmeza, aquele eu do passado da obrigação contínua de manter o pacto. Afirme sua consciência presente, sua perspectiva mais ampla e seu poder de escolha atual. Declare que as circunstâncias mudaram, que a lição foi aprendida (ou está sendo aprendida), e que o antigo acordo já não é necessário nem benéfico. Você pode usar frases interiores, ditas com sinceridade e amor, como: "Você fez o melhor que pôde naquela época, com a consciência que tinha. A situação agora é outra. Eu, no presente, com mais recursos e compreensão, escolho liberar nós dois dessa promessa. Em amor e gratidão pela lição, eu declaro este voto encerrado." Ou talvez: "Eu reconheço seu medo e sua necessidade naquele tempo. Agradeço por sua tentativa de nos guiar ou proteger através desse voto. Esse tempo passou. Agora eu assumo a responsabilidade por nossa segurança e felicidade de uma nova maneira. Eu te libero desse fardo. Nós estamos livres agora." Sinta a verdade dessas palavras ressoando em seu ser.

    Muitas pessoas que realizam esse tipo de trabalho interior relatam uma sensação imediata de alívio, como se um peso físico ou energético fosse retirado de seus ombros. Podem sentir calor, formigamento, ondas de emoção liberadora (lágrimas de alívio, não de tristeza) ou uma profunda sensação de paz e integração. É como se, ao resgatar e liberar amorosamente aquela parte de si presa no passado, um nó energético ancestral se desfizesse, permitindo que a energia vital volte a fluir mais livremente.

Este exercício de resgate do passado, embora realizado no plano simbólico e interior, é um ato psicomágico de grande poder. Ele comunica ao subconsciente, ao campo energético e talvez até aos registros akáshicos que uma mudança fundamental ocorreu, que um antigo programa foi desativado na sua origem. Ele prepara o terreno interno de forma decisiva, afrouxando as raízes energéticas do pacto e tornando os passos mais práticos de rompimento e transformação, que exploraremos a seguir, muito mais fáceis e eficazes.

À medida que esse trabalho de resgate vai sendo repetido ou aprofundado com o tempo, algo essencial começa a acontecer: uma nova narrativa interna se forma, mais ampla, mais madura, menos atada à dor e à rigidez das promessas do passado. Em vez de nos definirmos pelas limitações herdadas ou assumidas, passamos a nos ver como coautores conscientes de nossa própria jornada. Essa mudança na percepção é sutil, mas profunda. Já não buscamos apenas nos libertar de um pacto isolado, mas cultivar uma nova relação com o tempo, com nossas escolhas, e com as versões anteriores de nós mesmos. Começamos a ver com clareza que cada fragmento resgatado é também um pedaço de poder vital que retorna ao nosso campo, fortalecendo nossa presença no agora.

Esse processo também amplia nossa empatia para com os outros. Ao compreender a origem dos próprios votos e condicionamentos, tornamo-nos menos propensos a julgar as repetições e padrões alheios. Passamos a reconhecer que cada pessoa carrega, em seu silêncio, uma história profunda que talvez vá além desta vida, e isso convida à escuta, ao respeito e à compaixão. A cura individual, assim, se transforma silenciosamente numa semente de cura coletiva. Porque ao liberarmos nossos próprios vínculos, também contribuímos para o enfraquecimento de estruturas energéticas coletivas sustentadas há séculos por medos, dores e ilusões compartilhadas. Um voto rompido com amor pode dissolver ressonâncias que aprisionavam muitos.

E assim, o passado deixa de ser uma prisão e torna-se um território sagrado de reconciliação. O resgate não é mais uma tentativa de conserto, mas um reencontro — com a própria alma em sua inteireza, com os ciclos que pedem conclusão e com a liberdade de viver de forma mais presente e criativa. A linha do tempo pessoal já não é apenas uma sucessão de feridas, mas um percurso repleto de oportunidades de cura e reinvenção. Ao fechar as portas que precisam ser fechadas, abrimos portais para novos começos, ancorados não na repetição cega, mas na escolha lúcida.

Capítulo 24
Autonomia Espiritual

O trabalho interior de resgatar o passado, de encontrar e acolher compassivamente aquelas versões de nós mesmos que firmaram antigos pactos e votos, revela uma verdade fundamental e profundamente libertadora: o poder de desfazer esses laços reside, em última instância, dentro de nós mesmos. Antes de mergulharmos nas técnicas e rituais práticos para o rompimento desses vínculos, é essencial ancorar firmemente em nossa consciência o princípio da autonomia espiritual. Esta é a compreensão de que cada alma é soberana sobre seu próprio campo energético, suas escolhas evolutivas e os contratos que estabelece, e que possui a autoridade e a capacidade inatas para modificar ou encerrar os compromissos que já não servem ao seu crescimento.

A jornada espiritual é intrinsecamente pessoal. Ninguém, por mais sábio ou poderoso que pareça, pode conhecer as profundezas de nossa alma, a história completa de nossas experiências ou a ressonância exata de um juramento feito em tempos idos, como nós mesmos conhecemos em nossos níveis mais profundos. Mesmo que a memória consciente falhe, a sabedoria celular e anímica retém a informação. Portanto, ninguém está mais qualificado do que o próprio indivíduo para sentir a verdade sobre seus compromissos, para avaliar sua validade atual e para tomar a decisão soberana de mantê-los, modificá-los ou liberá-los. A autonomia espiritual é o reconhecimento desse poder e dessa responsabilidade inerentes a cada ser consciente. É reivindicar o direito de sermos os autores de nossa própria história espiritual, e não meros espectadores ou vítimas de forças externas ou de decisões passadas imutáveis.

Essa compreensão é particularmente crucial no contexto da liberação de pactos, pois é um território onde a vulnerabilidade e o medo podem facilmente levar à busca por soluções externas e à entrega do próprio poder. É preciso alertar, com clareza e serenidade, sobre o perigo real de encontrar indivíduos inescrupulosos – supostos "gurus", "médiuns" ou "feiticeiros" – que se aproveitam do desespero alheio, prometendo quebrar maldições, anular votos ou remover "encostos" em troca de somas exorbitantes de dinheiro ou de dependência emocional. Esses charlatães operam alimentando o medo e a crença na impotência do indivíduo, posicionando-se como os únicos detentores do poder necessário para a libertação. Entregar nosso poder pessoal e nossos recursos a tais figuras não apenas é ineficaz na maioria das vezes, como pode criar novos emaranhamentos energéticos e psicológicos ainda mais difíceis de desatar.

Isso não significa, de forma alguma, que não possamos buscar ou receber ajuda em nosso processo. Existem, sim, terapeutas sérios, conselheiros espirituais éticos, curadores energéticos competentes e guias amorosos que podem oferecer apoio valioso. Podem nos ajudar a acessar memórias, a compreender dinâmicas ocultas, a processar emoções difíceis, a fortalecer nossa energia ou a nos ensinar técnicas de autolibertação. Podem atuar como facilitadores, como espelhos, como fontes de inspiração e encorajamento. No entanto, seu papel é sempre o de assistir, de apoiar, de capacitar o indivíduo a fazer seu próprio trabalho interior. A verdadeira liberação, aquela que é profunda e duradoura, acontece invariavelmente de dentro para fora, impulsionada pela decisão consciente e soberana da própria alma. Um guia genuíno sempre respeitará e fortalecerá sua autonomia, jamais criando dependência ou se colocando como a única fonte de poder. O discernimento é chave: a ajuda que nos empodera e nos ensina a caminhar com as próprias pernas é bem-vinda; aquela que nos torna dependentes e nos diminui deve ser evitada.

O alicerce dessa autonomia reside na confiança em nosso próprio potencial divino. Cada ser humano, independentemente de sua história ou circunstâncias atuais, carrega em si uma centelha da força criadora do universo, uma conexão direta com a fonte de todo poder e amor. Essa essência divina interior possui a capacidade inerente de dissolver qualquer limitação autocriada, incluindo os laços energéticos de pactos e votos antigos. Quando alinhamos nossa intenção com essa verdade profunda, quando acreditamos em nossa capacidade de cura e transformação, e quando agimos a partir de um lugar de amor-próprio e desejo sincero de evolução, mobilizamos um poder imenso, capaz de desfazer quaisquer amarras. Não precisamos de intermediários para acessar essa força; ela é nosso direito de nascença espiritual.

É importante equilibrar essa afirmação de autonomia com a reconfortante verdade de que não estamos sozinhos nessa jornada. Ao reivindicarmos nosso poder interior, também nos abrimos para receber o apoio das dimensões superiores – nossa própria sabedoria interior, nossos guias espirituais, anjos, mestres ascensionados, a própria inteligência amorosa do universo, conforme nossa crença pessoal. Esse apoio está sempre disponível, pronto a nos assistir quando pedimos com sinceridade e estamos abertos a receber. No entanto, mesmo com todo esse amparo, somos nós que guiamos o leme de nossa embarcação. A decisão de mudar o curso, de cortar as cordas das âncoras antigas, de navegar em direção à liberdade, é nossa e intransferível. O apoio espiritual nos dá força, clareza e proteção, mas não nos isenta da responsabilidade por nossas escolhas e ações.

Cultivar essa profunda sensação de autonomia espiritual e confiança em si mesmo é, portanto, a preparação fundamental para os passos práticos de dissolução de pactos que virão a seguir. Sem essa convicção interior, rituais e técnicas podem tornar-se gestos vazios, desprovidos da força anímica necessária para efetuar uma mudança real no nível energético. A fé em nossa própria capacidade de nos libertarmos, aliada à intenção pura e ao apoio espiritual invocado, é o verdadeiro motor da transformação. Ao final deste capítulo, esperamos que o leitor se sinta não apenas informado sobre a importância da autonomia, mas verdadeiramente empoderado, seguro e pronto para avançar. Você tem o poder, você tem a autoridade, você tem o apoio necessário.

Esse reconhecimento pleno da autonomia espiritual nos reposiciona diante de cada desafio como cocriadores conscientes da própria realidade. Não se trata de negar a complexidade dos vínculos ou das influências invisíveis, mas de relembrar que, por mais intricada que seja a teia de energias em que estivermos envolvidos, há sempre uma via de saída disponível — e essa via passa por nossa decisão interna. Quando deixamos de esperar por um salvador externo e, em vez disso, assumimos o papel de protagonistas em nossa caminhada, algo poderoso acontece: o campo ao nosso redor começa a responder de forma diferente. Passamos a irradiar uma frequência de soberania, de clareza, que por si só já afasta aquilo que ressoa com o medo, a submissão e o desamparo.

Essa mudança não acontece de forma brusca ou artificial. Trata-se de um amadurecimento da alma, de um retorno gradual à própria centralidade. E esse retorno pode ser sustentado por práticas simples, mas consistentes: o hábito de ouvir a própria intuição antes de seguir qualquer orientação externa, o exercício de perguntar a si mesmo "isso faz sentido para mim?" ou "isso fortalece minha liberdade ou me aprisiona mais?", e sobretudo o cultivo de uma presença constante no agora, que é onde nosso verdadeiro poder se manifesta. Ao fazer isso, reconhecemos que nenhum pacto do passado, por mais antigo ou denso que pareça, pode ser mais forte do que a decisão livre e consciente de uma alma desperta no presente.

Portanto, reivindicar a autonomia espiritual não é apenas um passo necessário para a quebra de pactos — é uma postura diante da vida. É escolher viver de dentro para fora, com os pés firmes na própria verdade, aberto à ajuda que liberta, mas impermeável às ilusões que escravizam. Ao ancorar essa consciência, o caminho da libertação se desdobra com mais fluidez e integridade. O próximo passo, então, não será dado a partir da dúvida ou da carência, mas de um centro fortalecido, que sabe que o poder de mudar reside ali mesmo: no coração desperto, livre e soberano de cada ser.

Capítulo 25
Decisão Livre

Fortalecidos pela compreensão de nossa autonomia espiritual e pelo reconhecimento de nosso poder inerente de moldar nosso destino energético, chegamos agora ao limiar da ação transformadora. Após a jornada de investigação, reconhecimento e resgate interior, ergue-se diante de nós o primeiro passo efetivo, o gesto primordial que inicia verdadeiramente o processo de libertação dos pactos e votos que nos prendem: a decisão livre e consciente de romper esses laços. Este não é um passo a ser dado levianamente, mas um ato de profunda soberania pessoal, um momento em que a alma, munida de clareza e intenção, afirma sua vontade de seguir adiante, livre das amarras do passado.

Tudo o que exploramos até aqui – a natureza dos pactos, suas consequências, a identificação de seus sinais, o acesso à memória espiritual, a compreensão da autonomia – converge para este ponto focal. A consciência adquirida nos permite agora fazer uma escolha que talvez não fosse possível no momento em que o compromisso original foi firmado, muitas vezes em meio ao desespero, à ignorância ou à pressão. Agora, com um entendimento mais amplo e uma conexão mais firme com nosso poder interior, podemos deliberadamente escolher um novo rumo. O convite é para que você, leitor, afirme com toda a clareza de sua vontade, com a força tranquila de sua alma desperta, que você escolhe agora liberar-se daquele compromisso antigo que já não serve ao seu crescimento e bem-estar.

No grande esquema das leis espirituais que governam a existência, o livre-arbítrio ocupa um lugar de destaque. É a prerrogativa sagrada da alma consciente de escolher seu caminho, de aprender suas lições, de criar sua realidade. Diante de uma decisão firme, clara e consciente da alma de se libertar de um vínculo autoimposto, nenhum pacto, por mais antigo ou solene que seja, pode permanecer irrevogável. A energia obedece à intenção focada e à vontade soberana. Quando você declara, do fundo do seu ser, sua decisão de cancelar um antigo voto, você está exercendo seu direito divino de redirecionar sua própria energia e reescrever seus próprios contratos espirituais.

Este momento de decisão interna é quase como um "clique" mágico, um instante onde a configuração energética começa a mudar fundamentalmente. É o ponto de viragem. Ao dizer para si mesmo, com convicção inabalável: "Eu decido agora, em meu pleno direito e poder, cancelar e desfazer qualquer pacto, voto ou juramento [especificar, se conhecido, ou usar termos gerais] que me prende e limita. Eu escolho a liberdade", você já inicia o processo de desatar as correntes sutis. A clareza da sua intenção envia uma ordem direta ao seu subconsciente para que ele comece a desativar os antigos programas. Sua afirmação reverbera em seu campo energético, começando a dissolver os laços invisíveis. Você sinaliza ao universo sua nova escolha, alinhando-se com as energias da libertação e da autonomia. A decisão consciente é o primeiro e mais crucial ato de rompimento.

Reflita sobre toda a jornada percorrida até este ponto. Você compreendeu a natureza dos pactos, investigou seus possíveis efeitos em sua vida, talvez tenha tido vislumbres de suas origens, e reconheceu sua própria autoridade espiritual. Perceba, neste instante, que você já não é mais refém do passado. A consciência que você adquiriu é poder. O conhecimento das dinâmicas ocultas lhe confere a capacidade de intervir nelas. Você não está mais operando às cegas, reagindo a forças invisíveis. Você agora tem clareza e, portanto, tem poder sobre a situação. A sombra do passado pode ainda existir, mas você agora segura a lanterna da consciência, pronto para iluminá-la e transformá-la. A decisão de se libertar é a expressão máxima desse poder reconquistado.

Para ancorar essa decisão interna e conferir-lhe uma força ainda maior, pode ser útil realizar um pequeno ritual mental ou escrito que simbolize seu compromisso consigo mesmo. Encontre um momento de quietude. Você pode simplesmente fechar os olhos, colocar a mão sobre o coração e declarar sua decisão em voz alta ou mentalmente, sentindo a verdade de suas palavras ecoando em cada célula do seu corpo. Ou, se preferir um gesto mais concreto, pegue uma folha de papel e escreva sua declaração de liberdade. Pode ser algo simples como: "Eu, [seu nome], nesta data, declaro minha decisão irrevogável de renunciar e liberar todos os pactos, votos e juramentos, conhecidos ou desconhecidos, desta vida ou de vidas passadas, que já não servem ao meu bem maior e à minha evolução espiritual. Eu escolho a liberdade, a alegria e a plenitude. Assinado, [seu nome e data]". Guarde esse papel num local significativo ou realize um ritual posterior com ele (como veremos adiante), mas o ato de escrever e assinar já marca um comprometimento formal e poderoso consigo próprio.

É essencial que essa decisão seja imbuída de uma qualidade de determinação amorosa. Não se trata de um ato de raiva contra o passado ou de rejeição violenta daquela parte de si que fez o pacto. Pelo contrário, é um ato de profundo amor-próprio, um reconhecimento de que você merece viver livre de limitações autoimpostas. É também um ato de compaixão pela sua versão passada, libertando-a de um fardo que já não precisa carregar. A firmeza da decisão deve vir da clareza e do amor, não da negação ou da agressividade. Uma determinação serena e amorosa possui uma força transformadora muito maior do que a revolta.

Celebre este momento. O despertar do livre-arbítrio consciente em relação a esses antigos laços é um marco fundamental na jornada espiritual. A decisão sincera, nascida da compreensão e da autonomia, é a chave mestra que começa a girar na fechadura da prisão invisível. A porta ainda pode não estar totalmente aberta, mas o mecanismo foi acionado. A partir deste ponto, todos os passos subsequentes – as técnicas de corte de laços, os rituais de liberação, o trabalho de perdão – servirão para consolidar e concretizar essa liberdade que você acabou de escolher.

Esse instante em que se escolhe, com clareza e serenidade, romper com pactos que já não servem, marca não apenas uma mudança energética, mas o nascimento de um novo estado de ser. Ao decidir, você está plantando uma semente que florescerá em liberdade, em novos padrões de vida e em relações mais autênticas consigo mesmo e com o mundo. A decisão livre é mais do que um gesto simbólico — ela é um realinhamento da alma com sua verdade atual, um redirecionamento consciente da sua trajetória espiritual. Mesmo que os efeitos dessa escolha ainda não se revelem de imediato em todos os aspectos da vida, algo fundamental já foi movimentado no plano sutil: você não caminha mais na mesma estrada de antes.

Essa escolha também pode reverberar para além do seu próprio campo individual. Muitas vezes, ao tomarmos uma decisão tão profundamente alinhada com nosso bem maior, influenciamos energeticamente o ambiente ao nosso redor. Mudamos a forma como nos posicionamos diante da vida, o que, por si só, pode dissolver resistências, inspirar outros a olharem para si e transformar padrões familiares que pareciam imutáveis. A decisão livre não é apenas um fim para o que já não nos serve, mas o início de uma etapa de vida mais alinhada com nosso propósito atual, com mais leveza, consciência e autenticidade. É o portal para uma nova etapa da jornada, onde agimos não mais em reação ao passado, mas em criação consciente do futuro.

Portanto, honre esse momento como o marco que ele é. Guarde essa escolha dentro de si como uma âncora luminosa nos dias em que dúvidas possam surgir. Volte a ela sempre que necessário, reafirmando seu compromisso com sua liberdade e com a expansão de sua consciência. A decisão livre é o solo fértil sobre o qual os próximos passos serão construídos, com mais confiança, clareza e poder pessoal. É o início de uma travessia em direção a uma vida vivida com verdade, presença e autonomia espiritual — uma vida que honra não apenas quem você foi, mas principalmente quem você escolhe ser agora.

Capítulo 26
Quebra de Laços

A decisão livre e consciente de nos libertarmos de antigos pactos e votos é a chave que insere a ignição, o ato de vontade que sinaliza ao universo e à nossa própria alma a intenção de mudar de rumo. No entanto, para que essa decisão se traduza numa libertação efetiva e duradoura, é frequentemente necessário um passo adicional: o trabalho energético direto de romper os laços sutis que nos mantinham presos a esses compromissos. Tendo firmado nossa intenção com clareza e reivindicado nossa autonomia espiritual, entramos agora no domínio da ação energética, um processo prático para cortar ou dissolver as conexões invisíveis que sustentavam os velhos padrões.

Este trabalho de quebra de laços é mais eficaz quando realizado a partir de um estado de consciência elevado e centrado. Antes de começar, prepare seu espaço e sua energia. Encontre um momento tranquilo onde não será interrompido. Sente-se ou deite-se confortavelmente. Respire profunda e calmamente algumas vezes, soltando as tensões do corpo e as preocupações da mente a cada expiração. Conecte-se com seu centro interior, com sua centelha divina. Você pode fazer uma oração que ressoe com sua fé, pedindo proteção, clareza e a assistência das forças de luz que o acompanham. Ou pode simplesmente visualizar uma luz brilhante – talvez dourada, branca ou violeta – envolvendo todo o seu ser, criando um espaço sagrado e seguro para o trabalho que se seguirá. O objetivo é elevar sua vibração, afastar energias dissonantes e alinhar-se com seu poder espiritual mais elevado.

Nesse estado de maior conexão e clareza, convide sua percepção interior a se voltar para os pactos ou votos dos quais você decidiu se libertar. Não é preciso ter uma lista exaustiva ou lembrar-se de todos os detalhes. Você pode focar num voto específico que identificou, ou trabalhar com a intenção geral de liberar todos os compromissos obsoletos. Permita que sua intuição lhe mostre, ou que você simplesmente sinta ou "saiba", como esses vínculos se manifestam em seu campo energético. Talvez você os perceba como cordões, fios, teias ou até mesmo correntes que se estendem de certas partes do seu corpo (coração, mente, plexo solar, costas) ou de sua aura, conectando-o a pessoas, lugares, ideias ou energias do passado. Não se preocupe se a visualização não for perfeitamente nítida; a intenção e a sensação são mais importantes do que a clareza visual. Confie na sua capacidade de perceber o que precisa ser liberado.

Agora, com a imaginação ativa e a intenção firmemente focada em sua decisão de liberdade, proceda à visualização do rompimento desses laços. Escolha a imagem ou técnica que mais ressoar com você, aquela que sentir mais poderosa e eficaz em seu coração:

A Espada de Luz: Visualize-se empunhando uma espada brilhante de pura luz (ou peça a um ser de luz, como o Arcanjo Miguel, para empunhá-la). Com movimentos decisivos e precisos, veja ou sinta essa espada cortando cada cordão, cada corrente que o prende ao pacto. Perceba os laços se partindo e sua energia sendo liberada.

A Chama Violeta: Invoque mentalmente a poderosa Chama Violeta da transmutação espiritual. Visualize essa chama sagrada envolvendo os laços energéticos, consumindo-os amorosamente, dissolvendo não apenas a conexão, mas também transmutando qualquer energia negativa ou residual associada ao pacto em pura luz. Veja os laços se desfazendo em partículas luminosas.

Assistência Angélica: Peça ajuda a seus anjos da guarda, guias espirituais ou outros seres de luz em quem confia. Visualize-os ao seu redor, trabalhando com amor e delicadeza para desatar os nós, desenredar os fios ou dissolver as correntes com suas mãos de luz, libertando-o suavemente dos vínculos.

Outras Imagens: Você pode usar outras imagens que lhe pareçam apropriadas – talvez visualizar tesouras de luz cortando os fios, água pura lavando e levando embora as conexões, ou um som vibracional específico quebrando as amarras.

O fundamental, em qualquer técnica escolhida, é engajar sua intenção e sua sensação. Sinta verdadeiramente o rompimento acontecendo. Sinta a desconexão. Sinta a energia antes presa sendo liberada.

Não basta apenas "pensar" no corte; é preciso "sentir" a libertação ocorrendo no nível energético.

Para potencializar esse trabalho de visualização, utilize palavras de poder. Afirmações claras e convictas, ditas em voz alta ou mentalmente, ancoram sua intenção e comandam a energia. Experimente frases como:

"Eu quebro agora, em nome da minha essência divina e do meu livre-arbítrio soberano, todos os pactos, votos e juramentos, conhecidos e desconhecidos, que me limitam e me impedem de viver minha plena expressão. Estou livre, íntegro(a) e completo(a) agora!"

"Pelo poder da Luz que Eu Sou, eu dissolvo e desfaço neste instante todos os laços energéticos que me prendem a [mencionar o tema do voto, se conhecido]. Toda energia retorna à sua origem, purificada e transmutada em amor. Eu reclamo minha energia e minha soberania. Estou livre!"

"Com amor e gratidão pelas lições aprendidas, eu libero agora meu passado e todos os compromissos que já não servem ao meu presente. Eu corto todos os laços. Eu sou livre para criar minha vida a partir deste momento."

Faça essas afirmações com autoridade, sentindo a verdade delas vibrando em seu ser. É importante realizar este processo com convicção em seu poder de se libertar, mas também com respeito. Respeito pela jornada de sua alma, respeito pela sua versão passada que fez o pacto, e respeito por quaisquer outras energias ou consciências que possam ter estado envolvidas (mesmo que a intenção seja se desconectar delas). A liberação é um ato de soberania, não de agressão.

Esteja ciente de que alguns votos ou pactos, especialmente os muito antigos, muito carregados emocionalmente, ou que envolvem múltiplas partes, podem exigir mais de uma sessão de quebra de laços. Confie em sua intuição. Se sentir que o trabalho não está completo, ou se perceber que certos padrões ou sentimentos persistem, não hesite em repetir o processo em outro momento, talvez focando mais especificamente num laço que ainda sente presente. A perseverança amorosa é uma chave importante.

Ao final de cada sessão de quebra de laços, reserve um momento para respirar e sentir os efeitos. Muitas pessoas relatam uma sensação imediata de leveza, como se um peso tivesse sido retirado. Pode haver uma clareza mental renovada, uma sensação de expansão no peito, um fluxo de energia mais vibrante no corpo, ou simplesmente uma profunda sensação de paz e alívio. Acolha essas sensações como confirmação de que os laços sutis se romperam e que a energia começou a fluir de forma mais livre.

Essa fase prática do rompimento energético representa mais do que a dissolução de conexões invisíveis; ela é a expressão tangível de uma escolha profunda. Cada imagem visualizada, cada palavra proferida com intenção clara, é um gesto simbólico que reverbera no tecido sutil do nosso campo espiritual. Esse gesto, feito com consciência, transforma-se em ação real. A energia obedece à vibração da vontade, e quando essa vontade é orientada por lucidez, respeito e amor-próprio, a transformação torna-se inevitável. A alma reconhece esse movimento como um ato de retorno a si mesma, um reencontro com sua integridade original, livre das sobreposições acumuladas por votos que já não ressoam com sua essência atual.

    Ao mesmo tempo, esse trabalho abre espaço interior para o novo. Com a liberação dos laços antigos, nosso campo energético se reorganiza, liberando áreas que estavam ocupadas por padrões repetitivos ou por conexões dissonantes. Essa reorganização pode se manifestar em mudanças sutis nos pensamentos, no corpo, nas emoções — ou até mesmo em nossas relações e circunstâncias externas. É comum que, após a quebra de um pacto profundo, novas oportunidades surjam, decisões se tornem mais claras e relações se redefinam naturalmente. Isso acontece porque, ao liberar energia que antes estava comprometida com o passado, recuperamos nossa capacidade de agir com mais liberdade no presente, com escolhas que verdadeiramente refletem quem somos agora.

    Por isso, permita-se acolher o momento após o ritual como um espaço de integração. Silencie, agradeça, confie. Esse silêncio não é vazio: é o campo fértil onde novas possibilidades começarão a germinar. E lembre-se de que a quebra de laços não é uma ruptura abrupta com a história da alma, mas uma reconciliação amorosa com ela. É um ponto de virada, onde deixamos de ser definidos por pactos de dor e passamos a ser guiados por um compromisso consciente com a liberdade, a presença e a verdade interior. É a dança sutil entre intenção e ação, entre cura e criação — e é neste espaço que a alma, enfim, respira plenamente.

Capítulo 27
Ritual Simbólico

O trabalho interior de decidir pela liberdade e o ato energético de romper os laços sutis são passos fundamentais e poderosos na jornada de liberação dos pactos antigos. Eles operam nas dimensões invisíveis da intenção e da energia, desfazendo as amarras em seu nível mais fundamental. No entanto, nossa experiência humana se desenrola também no plano físico, e nossa psique, especialmente suas camadas mais profundas e inconscientes, responde com grande força a gestos concretos, a atos cerimoniais que ancoram as mudanças internas na realidade tangível. Por isso, para consolidar a ruptura dos pactos e integrar plenamente a nova realidade de liberdade, a realização de um ritual simbólico pessoal pode ser um passo complementar de imenso valor.

O poder do ritual reside em sua capacidade de falar uma linguagem que o intelecto muitas vezes não alcança: a linguagem dos símbolos, das metáforas e das ações carregadas de significado. Enquanto a decisão consciente atua na mente racional e a quebra de laços opera no campo energético, o ritual simbólico comunica a transformação ao nosso ser integral – corpo, emoção, inconsciente e espírito. Gestos realizados no mundo físico com intenção clara funcionam como pontes, ajudando a mente e o coração a assimilarem a profundidade da mudança que ocorreu internamente. Um ritual bem realizado marca uma transição, cria um marco visível entre o "antes" e o "depois", e ajuda a selar a nova realidade em nossa consciência.

É essencial compreender que não existe uma fórmula única ou correta para realizar esse ritual. Sua eficácia não reside na complexidade dos adereços ou na adesão a dogmas externos, mas sim na sinceridade da intenção, na fé empregada no ato e na ressonância pessoal que ele tem para você. O convite é para que você crie um pequeno cerimonial que faça sentido dentro de sua própria visão de mundo e de sua conexão espiritual. Pode ser algo extremamente simples: acender uma vela com uma intenção específica, lavar as mãos em água corrente visualizando a limpeza dos antigos vínculos, tocar um sino para marcar o fim de um ciclo e o início de outro, enterrar um objeto que represente o pacto, ou queimar um papel onde suas intenções foram escritas. O importante é que o ato escolhido represente claramente para você a ideia de purificação, de desapego do passado e de um novo começo em liberdade.

Para ilustrar as possibilidades, consideremos um exemplo detalhado. Você pode pegar uma folha de papel e escrever uma carta, talvez dirigida ao seu eu passado, ao universo ou às energias envolvidas no pacto. Nessa carta, descreva os pactos ou votos dos quais deseja se libertar (sejam eles conhecidos ou gerais), mencione como eles o afetaram e reafirme sua decisão soberana de encerrá-los agora. Expresse gratidão pelas lições aprendidas, mesmo as difíceis. Em seguida, leve essa carta para um local seguro – pode ser ao ar livre, numa lareira, numa pia de metal ou num caldeirão apropriado. Com cuidado e respeito, ateie fogo ao papel. Enquanto observa as chamas consumirem a carta, mantenha sua intenção focada na liberação e transformação. Você pode orar, cantar um mantra ou simplesmente afirmar em voz alta ou mentalmente: "Com esta chama, eu transformo estes antigos votos em cinzas. Libero sua energia de minha vida. Que as cinzas retornem à terra e que minha vida seja renovada na luz da liberdade. Assim é." Observe a fumaça subir, visualizando toda a energia do passado se dissipando. Depois, recolha as cinzas (quando frias) e disperse-as na natureza (terra, água corrente) ou descarte-as de forma respeitosa, simbolizando o fim definitivo daquele ciclo.

Outro exemplo poderia envolver o uso de uma vela. Escolha uma vela que represente para você purificação e novos começos (tradicionalmente, branca) ou transmutação (violeta). Crie um pequeno altar ou espaço sagrado, talvez com flores, cristais ou imagens que lhe inspirem. Acenda a vela com a clara intenção de que sua luz simbolize sua consciência desperta e seu poder de dissolver os laços indesejados. Fixe o olhar na chama por alguns momentos, respirando profundamente. Declare então, com convicção, que aquela luz sagrada está agora consumindo todos os vínculos, pactos, votos e juramentos que o limitam. Afirme sua liberdade, sua integridade, sua nova escolha de vida. Você pode permanecer em meditação diante da vela, visualizando os laços se desfazendo na luz, até sentir que o processo está completo. Permita que a vela queime por algum tempo (ou completamente, se for seguro fazê-lo), como testemunha silenciosa de sua libertação.

O objeto físico utilizado no ritual – o papel que vira cinzas, a vela que se consome na luz, a água que leva embora algo que você solta – atua como um símbolo tangível da sua intenção e da transformação que está ocorrendo. Nossa psique ancestral compreende essa linguagem. Ao testemunhar com nossos próprios sentidos a transformação ou o desaparecimento do símbolo, uma parte profunda de nós registra que algo realmente terminou, que uma mudança concreta aconteceu. O ritual ajuda a "oficializar" a quebra de laços, a inscrevê-la não apenas no nível energético, mas também na memória psicológica e emocional.

Lembre-se sempre: o poder não está no objeto em si, mas na intenção, na sinceridade e na fé que você deposita no ato. Confie em sua intuição para criar o ritual que seja mais significativo e poderoso para você neste momento de sua jornada. Seja ele simples ou elaborado, o importante é que ele marque de forma clara e sentida essa transição fundamental.

Rituais simbólicos não apenas expressam uma decisão interna, como também servem como linguagem direta entre o consciente e o inconsciente, entre o visível e o invisível. Quando se consagra um espaço, um tempo e uma ação para simbolizar o rompimento com o antigo, permite-se que a alma se alinhe à nova configuração de liberdade. A psique humana é profundamente sensível a esses marcos simbólicos, e mesmo que a mente racional duvide, há uma camada interna que entende, aceita e se reorganiza em torno da nova realidade. Isso se torna ainda mais poderoso quando há recorrência — ao revisitar o ato simbólico com variações pessoais ao longo do tempo, o processo de integração se aprofunda, consolidando o novo estado como algo não apenas desejado, mas vivido e pertencente.

Além disso, o ritual pode ser um canal de reconexão com aspectos da espiritualidade que muitas vezes são esquecidos no cotidiano. Ao nos permitirmos uma pausa consciente para criar um gesto simbólico, recuperamos o senso de sacralidade da existência. Isso não significa adotar dogmas ou seguir tradições externas, mas sim descobrir a própria linguagem espiritual, a maneira única com que cada indivíduo acessa o mistério e o sagrado. Ao lançar mão de um ritual criado com liberdade e significado pessoal, abre-se espaço para uma espiritualidade viva, que pulsa junto com os ciclos da vida interior. Esse reencontro com o sagrado pessoal transforma o ritual em mais do que um ato de encerramento: ele se torna também uma semente de renovação espiritual.

E é nessa interseção entre o gesto e a intenção, entre o símbolo e o sentimento, que algo profundo se reconfigura. A quebra de pactos deixa de ser apenas uma decisão energética ou mental — ela passa a habitar o corpo, a memória, a alma. Ao realizar seu ritual simbólico, você não está apenas liberando o passado: está assumindo, com inteireza, o papel de criador consciente da própria jornada. Esse é o verdadeiro significado da liberdade conquistada — não a ausência de vínculos, mas a presença soberana da própria vontade iluminada pela verdade interior.

Capítulo 28
Perdão e Liberação

A decisão soberana foi tomada, os laços energéticos foram conscientemente rompidos, e um ritual simbólico talvez tenha selado no plano físico a intenção de deixar para trás os antigos pactos e votos. Sentimos uma nova leveza, um espaço que se abre. No entanto, a jornada para a liberdade completa raramente termina aí. Frequentemente, mesmo após esses passos cruciais, podem restar no coração resíduos emocionais ligados à história daqueles compromissos – mágoas não resolvidas, culpas persistentes, ressentimentos contra outros ou contra nós mesmos. Essas emoções remanescentes funcionam como âncoras sutis, impedindo-nos de navegar plenamente nas águas claras do presente. Por isso, uma etapa essencial para consolidar nossa libertação é o trabalho profundo e sincero do perdão e da liberação emocional.

Os pactos e votos, especialmente aqueles feitos em momentos de grande intensidade ou que tiveram consequências difíceis, costumam estar entrelaçados com uma complexa teia de sentimentos. Pode haver raiva da pessoa que nos induziu a fazer um juramento prejudicial, ou da entidade com a qual nos sentimos presos num acordo desvantajoso. Pode haver um profundo ressentimento contra as circunstâncias que nos levaram a um ato de desespero. Pode persistir a culpa por termos feito um voto que limitou nossa vida ou a de outros, ou a culpa por não termos conseguido cumprir uma promessa importante. Pode até mesmo existir uma mágoa residual em relação a Deus ou ao destino, por ter permitido que passássemos por tais provações. Enquanto essas cargas emocionais não forem reconhecidas, processadas e liberadas, elas continuarão a nos manter energeticamente conectados, de alguma forma, à vibração daquele passado.

O convite agora é para realizar um inventário interior honesto e corajoso. Reserve um tempo para sentir, em seu coração, quais emoções ainda estão vivas em relação aos pactos que você está trabalhando para liberar. Permita-se reconhecer, sem julgamento, se ainda existe raiva, mágoa, ressentimento, culpa, medo ou tristeza associados a eles. Identifique, se possível, a quem ou a quê esses sentimentos estão direcionados. Escrever sobre isso pode ajudar a trazer clareza. Não se trata de chafurdar na negatividade, mas de mapear os nós emocionais que ainda precisam ser desatados para que a libertação seja verdadeiramente integral.

Uma vez identificados esses pontos de dor emocional, o caminho para a dissolução passa pelo portal do perdão. É crucial compreender o perdão não em seu sentido popular de "desculpar e esquecer" ou de necessariamente reconciliar-se com quem nos feriu, mas em seu sentido espiritual mais profundo: o de libertar-se do peso da emoção negativa que nos aprisiona. Perdoar, nesse contexto, é um ato de inteligência espiritual e de amor-próprio. É reconhecer que carregar ressentimento, culpa ou ódio é como tomar veneno esperando que o outro morra. A energia dessas emoções densas nos prejudica primariamente, mantendo-nos acorrentados ao passado e bloqueando o fluxo de amor e alegria em nossa vida presente. Perdoar é soltar as correntes emocionais que nos prendem à dor, não para beneficiar o outro, mas para libertar a nós mesmos.

Para facilitar esse processo, você pode realizar um exercício de perdão. Encontre novamente seu espaço tranquilo e centrado. Traga à sua mente a pessoa ou as pessoas envolvidas na situação do pacto (incluindo sua própria versão passada). Se se sentir confortável, visualize-as à sua frente, envoltas numa luz suave. Permita-se expressar, mentalmente ou em voz baixa, qualquer dor ou mágoa que ainda sinta, não como acusação, mas como partilha honesta de sua experiência. Em seguida, respire fundo e tome a decisão consciente de perdoar. Diga, com sinceridade que brota do coração: "Eu escolho perdoar você [nome da pessoa ou 'meu eu passado'] por seu papel nesta situação. Libero agora toda a raiva, todo o ressentimento, todo o julgamento que eu guardava em relação a você. Eu te liberto e me liberto." Sinta a energia pesada se dissipando. Se apropriado, peça também perdão por sua parte, por qualquer erro ou dor que possa ter causado, consciente ou inconscientemente. E, fundamentalmente, dirija o perdão a si mesmo: "Eu me perdoo completamente por ter feito este pacto/voto, por tê-lo quebrado (se for o caso), por qualquer sofrimento que isso tenha me causado ou causado a outros. Eu fiz o melhor que pude com a consciência que tinha naquele momento. Eu me aceito e me amo incondicionalmente." Finalize declarando a liberação mútua: "Eu libero você, eu me libero. Que todos nós possamos seguir em paz, livres deste laço." Visualize os fios emocionais que os conectavam se dissolvendo na luz.

É importante estender esse perdão também ao nível espiritual mais amplo. Se você guardava ressentimento contra Deus, contra o destino, contra a vida ou contra alguma entidade por causa das dificuldades relacionadas ao pacto, este é o momento de buscar a reconciliação. Procure transmutar a mágoa em compreensão, reconhecendo que, mesmo as experiências mais árduas, trouxeram aprendizados valiosos para sua alma. Libere qualquer sentimento de ter sido injustiçado ou punido. Afirme sua confiança na sabedoria maior do universo e na sua própria capacidade de superar e crescer.

Para selar esse trabalho de perdão e liberação emocional, uma visualização de cura pode ser muito poderosa. Concentre-se na área do seu coração. A cada inspiração, imagine que você está inalando uma luz dourada, quente e brilhante – a pura energia do amor divino, da compaixão e do perdão incondicional. Sinta essa luz preenchendo seu peito, suavizando qualquer dureza, aquecendo qualquer frieza. A cada expiração, visualize que você está liberando uma fumaça cinzenta ou escura – representando todas as mágoas, culpas, medos e ressentimentos acumulados. Continue respirando assim, inspirando luz dourada, expirando a energia densa, até sentir que seu coração está completamente preenchido pela luz, que todos os cantos escuros foram iluminados, que o espaço onde antes havia dor agora vibra com paz, amor e aceitação. Sinta essa luz se expandindo por todo o seu ser.

A mensagem final deste capítulo é clara e transformadora: somente através do perdão completo – a si mesmo e a todos os envolvidos – a libertação dos antigos pactos se torna total e definitiva. O perdão é o solvente universal que dissolve os últimos resquícios energéticos e emocionais que poderiam nos manter atados ao passado. Quando não há mais culpa nos aprisionando nem rancor nos amarrando à história antiga, o pacto perde completamente seu poder sobre nós. A energia que o sustentava foi retirada e transmutada em amor e sabedoria. O coração, finalmente livre do peso das emoções não resolvidas, pode então se abrir plenamente para a alegria, a confiança e as infinitas possibilidades do presente.

O processo de perdão profundo é, em essência, um retorno ao centro da alma, onde não existem mais acusações nem defesas, apenas a presença serena do que é. Ao liberar o passado com honestidade e compaixão, não estamos negando a dor que foi vivida, mas nos posicionando acima dela, em um lugar de soberania interior. Esse movimento nos devolve o poder de escolher, de criar e de amar sem os filtros distorcidos da mágoa. A raiva se transforma em discernimento, a culpa em responsabilidade, e o medo em sabedoria. Nessa alquimia emocional, o perdão não se torna apenas um ato isolado, mas uma prática contínua de libertação e amor-próprio.

À medida que esse trabalho de cura avança, percebe-se que o perdão não é um favor feito ao outro, nem uma concessão ingênua: é um gesto profundo de autocuidado. Ao escolher perdoar, damos a nós mesmos a chance de respirar livremente, de viver sem o peso do que não pode mais ser mudado. Liberamos o tempo aprisionado na memória e recuperamos nossa presença no agora. O perdão, nesse contexto, é como um rio que corre limpando as margens do passado, fertilizando o presente com possibilidades antes impensadas. Ele nos conecta com uma dimensão mais ampla de existência, onde a dor não precisa mais ser a narradora da nossa história.

E quando o coração, purificado, se reconhece pleno novamente, surge um silêncio novo – não o silêncio da ausência, mas o da presença preenchida. A jornada de ruptura dos pactos antigos encontra aqui seu verdadeiro desfecho: não no ato de cortar, mas no de compreender, acolher e seguir em paz. O passado deixa de ser um cárcere para se tornar um mestre silencioso. E a vida, agora leve, recomeça com olhos mais brandos, passos mais firmes e uma alma verdadeiramente livre.

Capítulo 29
Proteção Espiritual

O caminho percorrido até aqui foi de profunda introspecção, coragem e transformação. Através da decisão livre, da quebra energética dos laços, do ritual simbólico e do bálsamo curativo do perdão, desmantelamos as estruturas invisíveis dos pactos e votos que limitavam nossa expressão e obscureciam nossa luz. Emergimos desse processo mais leves, mais conscientes, mais inteiros. No entanto, a jornada não termina com a demolição das velhas paredes da prisão; ela continua com a tarefa consciente de habitar e proteger o espaço de liberdade recém-conquistado. Assim como um terreno limpo precisa ser cuidado para que ervas daninhas não retornem, nossa vida renovada se beneficia do estabelecimento de uma prática consistente de proteção espiritual.

Após rompermos com padrões energéticos antigos e profundamente arraigados, é natural que experimentemos um período de reajuste, talvez até uma sensação momentânea de vulnerabilidade. Pense em alguém que viveu por muito tempo numa sala escura e subitamente sai para a luz do sol; os olhos precisam de tempo para se adaptar, a pele sente a exposição de uma nova maneira. Da mesma forma, ao nos libertarmos das "estruturas" limitantes dos pactos, nosso campo energético pode sentir-se mais aberto, mais exposto, antes de se consolidar plenamente em sua nova configuração de liberdade. É como sair de uma prisão: o espaço aberto é libertador, mas também pode parecer vasto e desprotegido no início. Por isso, torna-se importante aprender a fortalecer ativamente nossa aura e a definir claramente nosso espaço energético, garantindo que nossa liberdade seja sustentada e que não sejamos facilmente suscetíveis a influências indesejadas ou a recaídas nos velhos padrões.

Existem técnicas simples e eficazes que podemos incorporar em nosso dia a dia para nutrir e proteger nosso campo energético. Uma das mais poderosas é a visualização consciente da luz protetora. Reserve alguns momentos, talvez pela manhã ao acordar ou à noite antes de dormir, ou sempre que sentir necessidade. Respire profundamente, centre-se e visualize uma luz brilhante e vibrante – talvez dourada como o sol, branca como a pureza divina, ou violeta como a chama da transmutação – formando uma esfera, um escudo ou um círculo ao redor de todo o seu corpo físico e etérico. Sinta essa luz como uma barreira impenetrável a qualquer energia negativa, mas permeável a todo amor e bem. Veja-a selando quaisquer fissuras em sua aura, fortalecendo suas fronteiras energéticas. Mantenha essa visualização por alguns instantes, sentindo-se seguro, protegido e radiante dentro dessa bolha de luz. Praticar isso regularmente reforça seu campo energético e cria um hábito de autocuidado protetor.

A oração e a invocação de apoio espiritual também são ferramentas valiosas. Independentemente de sua tradição de fé, dirigir-se à Fonte Divina, a Deus, ao Universo ou ao seu Eu Superior com um pedido sincero de proteção contínua é um ato poderoso. Você pode simplesmente dizer: "Peço que a luz divina me envolva e proteja hoje, guiando meus passos e mantendo meu campo energético limpo e seguro". Você também pode invocar especificamente seus guias espirituais, anjos da guarda ou mentores benevolentes, pedindo que vigiem seu espaço, afastem influências negativas e o ajudem a manter sua vibração elevada. Saber que não estamos sozinhos e que podemos contar com o auxílio das forças de luz nos traz conforto e fortalece nossa sensação de segurança.

    A mente é um instrumento fundamental na manutenção de nossa proteção energética. Nossos pensamentos geram vibrações, e pensamentos elevados e positivos criam um campo de ressonância que naturalmente repele energias mais densas. Cultivar o hábito de usar afirmações positivas diárias pode ser muito eficaz. Crie frases curtas e poderosas que reforcem sua nova realidade de liberdade e segurança, como: "Eu sou divinamente protegido(a) e guiado(a) em todos os momentos", "Meu campo energético é forte, vibrante e impermeável a qualquer negatividade", "Eu caminho na luz da minha verdade, livre e soberano(a)", "Eu sou grato(a) pela minha liberdade e a mantenho com amor e consciência". Repita essas afirmações com convicção ao longo do dia, especialmente se sentir alguma dúvida ou vulnerabilidade. Isso ajuda a manter sua mente sintonizada com o bem e a reforçar sua assinatura energética positiva.

A proteção espiritual também envolve um autocuidado consciente em níveis mais práticos. Preste atenção à qualidade de seus próprios pensamentos e emoções. Evite alimentar medos, ressentimentos ou julgamentos, pois essas energias podem enfraquecer seu campo protetor. Observe também os ambientes que frequenta e as companhias que mantém. Especialmente enquanto sua nova liberdade ainda está se consolidando, pode ser prudente evitar pessoas ou lugares que estejam fortemente associados aos antigos padrões negativos ou que o façam sentir-se drenado ou desconfortável. Busque ambientes e companhias que o elevem, que nutram sua alma e que respeitem seu espaço. Continuar com práticas como meditação, yoga ou passar tempo na natureza também ajuda a manter o equilíbrio e a força energética.

Para aqueles que têm afinidade, certos elementos da natureza podem servir como apoios adicionais no trabalho de limpeza e proteção energética. Cristais como a Turmalina Negra, o Ônix ou a Obsidiana são tradicionalmente conhecidos por sua capacidade de absorver ou repelir energias negativas. O Quartzo Branco e a Selenita podem ajudar a purificar e elevar a vibração. Incensos de Sálvia Branca, Palo Santo ou Olíbano podem ser usados para defumar o corpo ou o ambiente, limpando energias estagnadas. Banhos com ervas como Arruda, Guiné, Alecrim ou Manjericão, ou mesmo com Sal Grosso, podem ajudar a descarregar energias densas acumuladas e a revitalizar a aura. É importante lembrar, contudo, que esses elementos são auxiliares; a verdadeira fonte de proteção reside em nosso estado interior.

E é este o ponto crucial: a maior proteção não vem de amuletos ou rituais externos, mas da atitude interior vigilante e confiante de quem verdadeiramente assumiu as rédeas da própria vida espiritual. É a clareza de propósito, a integridade de pensamento e ação, a força de vontade alinhada com o bem maior, a fé inabalável em sua conexão com a luz divina e a constante auto-observação que constroem o escudo mais impenetrável. Quando cultivamos essa força interior, essa soberania consciente, tornamo-nos menos suscetíveis a influências externas negativas. Com uma vontade firme e a luz espiritual brilhando a partir de dentro e se irradiando ao nosso redor, asseguramos que os antigos laços energéticos dos pactos não encontrem mais pontos de ancoragem para retornar, e que novos vínculos limitantes não se formem com facilidade.

Essa consciência ativa da própria vibração e do próprio campo energético inaugura uma nova etapa na jornada: não mais centrada apenas na cura do passado, mas no cultivo atento de uma vida presente fortalecida, lúcida e coerente com a liberdade conquistada. A proteção espiritual não deve ser encarada como um esforço de isolamento ou defesa constante, mas como um gesto de carinho com o próprio ser. É uma forma de afirmar diariamente: "Eu me valorizo o suficiente para cuidar da minha energia, para proteger a luz que agora reconheço em mim." A prática da proteção espiritual, nesse sentido, é também um exercício contínuo de presença e respeito por si mesmo.

Ao integrar essa nova postura de proteção amorosa, começamos a nos relacionar de maneira diferente com o mundo. A sensibilidade espiritual se aguça, permitindo perceber mais claramente o que nos nutre e o que nos drena, o que fortalece nossa alma e o que ameaça nos desconectar de nossa verdade. Torna-se mais fácil dizer não ao que já não ressoa e sim ao que promove nossa expansão. O discernimento se refina, e com ele vem uma tranquilidade suave, fruto de saber que estamos cuidando do que há de mais precioso: nossa própria essência. Com o tempo, essa clareza se transforma em confiança e essa confiança, em paz duradoura – não uma paz ingênua, mas uma paz que nasce da presença contínua, do alinhamento consciente e da fidelidade a si mesmo.

E é assim que o novo espaço de liberdade se consolida: não como uma conquista momentânea, mas como um estado contínuo de ser, alimentado diariamente por escolhas alinhadas e por um compromisso autêntico com a própria luz. A proteção espiritual, quando feita com amor e consciência, não nos fecha ao mundo – pelo contrário, nos abre a ele com mais verdade e inteireza, pois já não carregamos o medo de perder o que já se enraizou como parte essencial de quem somos. O caminho se torna então uma celebração da liberdade vivida, cultivada e protegida com a devoção silenciosa de quem sabe que a luz, uma vez despertada, merece ser honrada em cada passo.

Capítulo 30
Autotransformação

A jornada através das sombras do passado, iluminada pela chama da consciência e impulsionada pela decisão de ser livre, conduz-nos finalmente a um novo amanhecer. O processo de compreender, enfrentar e liberar os antigos pactos, votos e juramentos não é apenas um exercício de limpeza energética ou de resolução kármica; é, em sua essência, um caminho de profunda autotransformação. Ao desatarmos os nós que nos prendiam e ao curarmos as feridas associadas a eles, não retornamos simplesmente a um estado anterior neutro. Emergimos diferentes, mais conscientes, mais integrados e dotados de um novo senso de poder pessoal e espiritual. Agora, neste ponto da jornada, podemos começar a colher e a saborear os frutos maduros dessa metamorfose interior.

Uma das primeiras e mais notáveis mudanças percebidas é uma sensação palpável de leveza. Aquele peso invisível, aquela "sombra do passado" que nos acompanhava como uma presença constante, começa a dissipar-se. Sentimo-nos mais leves nos ombros, no coração, na alma. Há uma sensação de espaço interior que se expande, uma liberdade de movimento energético que antes parecia impossível. Acompanhando essa leveza, surge frequentemente um novo senso de posse de si mesmo. Sentimo-nos mais centrados, mais ancorados em nosso próprio ser, menos suscetíveis às influências externas ou às reações automáticas do passado. A ansiedade difusa diminui, dando lugar a uma paz mais profunda e a uma crescente serenidade em relação à nossa história. O passado, antes uma fonte de dor ou limitação, começa a ser visto com aceitação, como parte da jornada que nos trouxe até aqui, mas já não como um fardo que define nosso presente.

Concomitantemente, aqueles padrões repetitivos e bloqueios que antes nos atormentavam começam a perder sua força. Os ciclos viciosos nos relacionamentos, nas finanças ou na carreira começam a se quebrar. As situações que antes pareciam inevitáveis deixam de ocorrer com a mesma frequência ou intensidade, ou simplesmente desaparecem. Os bloqueios emocionais que nos impediam de sentir ou expressar plenamente começam a ceder, permitindo um fluxo mais natural de sentimentos. A autossabotagem, nascida do conflito interno entre o desejo presente e a lealdade passada, diminui à medida que a energia do antigo pacto é liberada e a psique se realinha com as intenções atuais. O desaparecimento ou enfraquecimento desses antigos grilhões abre, naturalmente, espaço para novas possibilidades, novos caminhos que antes pareciam bloqueados ou inimagináveis.

Essa transformação externa é um reflexo direto de uma profunda reorganização interna. Ao removermos os laços invisíveis que nos prendiam a compromissos obsoletos, recuperamos fragmentos preciosos de nosso próprio poder pessoal e de nossa energia vital que estavam "sequestrados" ou estagnados naqueles antigos contratos. Ocorre uma verdadeira reintegração do ser. Partes de nós que estavam dissociadas, reprimidas ou direcionadas para cumprir velhas promessas agora podem retornar ao centro de nossa consciência e ser integradas de forma harmoniosa. Essa energia recuperada, antes utilizada para manter a estrutura limitante do pacto, agora fica disponível para o crescimento, a criatividade e a realização de nosso potencial autêntico.

Não é raro que, após um trabalho profundo de liberação de pactos, talentos há muito adormecidos comecem a despertar. Habilidades ou interesses que foram abandonados por causa de um voto de renúncia ou de dedicação exclusiva a outra coisa podem ressurgir com força renovada. A criatividade, antes bloqueada pela rigidez dos antigos compromissos, pode florescer de maneiras inesperadas. Com a dissolução dos conflitos internos e a maior clareza energética, muitas pessoas também experimentam uma maior conexão com seu propósito de vida, sentindo uma direção mais clara e significativa para onde canalizar suas energias e talentos. A névoa mental se dissipa, dando lugar a uma maior lucidez e capacidade de tomar decisões alinhadas com a verdade interior.

É fundamental reconhecer que esta jornada de libertação dos pactos foi, simultaneamente, uma jornada de profundo autoconhecimento e cura. Cada passo exigiu coragem para enfrentar medos, disposição para resgatar memórias dolorosas, humildade para reconhecer padrões e a força do coração para praticar o perdão. Ao atravessar essas etapas, não apenas rompemos laços externos, mas transformamos partes essenciais de nós mesmos. Curamos feridas antigas, integramos sombras, desenvolvemos compaixão por nossa própria história e fortalecemos nossa conexão com nossa essência divina. A libertação não é apenas sobre o que deixamos para trás, mas sobre quem nos tornamos no processo.

Há um mérito imenso em ter empreendido essa jornada, muitas vezes contando primariamente com a própria força interior, a intuição e a conexão espiritual. Cada vitória sobre um medo antigo, cada laço rompido pela força da própria vontade, cada ato de perdão sincero fortalece a autoconfiança de uma maneira incomparável. Aprendemos a confiar em nossa capacidade de navegar pelas paisagens complexas da alma, a discernir nossa verdade interior e a acessar o poder transformador que reside em nós. A confiança na espiritualidade que nos apoia também se aprofunda, não como uma dependência infantil, mas como uma parceria madura com as forças de luz que nos assistem em nosso caminho de evolução.

Histórias inspiradoras abundam, testemunhando o potencial de renascimento que essa autotransformação oferece. Pessoas que viveram décadas presas a padrões de solidão e desconfiança, após liberarem antigos votos contra o amor, encontraram relacionamentos saudáveis e plenos. Indivíduos que lutaram a vida inteira contra a escassez, ao romperem com votos de pobreza, viram suas finanças florescerem de maneiras inesperadas. Artistas ou profissionais que se sentiam bloqueados e invisíveis, ao dissolverem pactos de humildade ou obscuridade, finalmente encontraram o reconhecimento e a realização em seu trabalho. Ou, simplesmente, pessoas que carregavam um peso inexplicável na alma passaram a viver com uma leveza e uma alegria que jamais imaginaram ser possível. Essas histórias não são contos de fadas, mas exemplos reais do poder libertador que reside em confrontar e transformar os contratos ocultos da alma.

Em essência, todo o processo culmina num profundo empoderamento espiritual e pessoal. A narrativa muda radicalmente. Não somos mais vítimas impotentes de forças obscuras do passado, de carmas implacáveis ou de erros irremediáveis. Tornamo-nos conscientes co-criadores de nossa realidade, autores de nossa nova história. Reconhecemos o passado, honramos suas lições, mas reivindicamos nosso poder de escolher diferente no presente e de construir um futuro alinhado com nossa verdade mais elevada.

Essa nova consciência, nascida da travessia por territórios internos antes inexplorados, imprime em nossa alma um tipo de maturidade espiritual que não se pode ensinar em livros ou palavras alheias – ela só se alcança na vivência corajosa da própria jornada. É como se, após atravessar um longo túnel escuro, descobríssemos que carregávamos a luz o tempo todo, e que o verdadeiro portal da transformação sempre esteve dentro de nós. Essa lucidez, essa intimidade conquistada com a própria essência, torna-se o solo fértil onde germinam escolhas mais livres, relações mais verdadeiras e caminhos mais alinhados com o coração. A autotransformação, assim, revela-se como um renascimento silencioso, onde não há estardalhaço, mas sim a quietude serena de quem encontrou o próprio centro.

E é a partir desse centro que passamos a operar no mundo com uma presença diferente. Nossas ações deixam de ser reações automáticas a velhos condicionamentos e tornam-se expressões conscientes do ser que agora habita plenamente a si mesmo. Passamos a sentir a realidade de maneira mais vívida, com os sentidos apurados para a beleza, para o propósito e para a verdade. Relações antigas podem se renovar ou se dissolver naturalmente, abrindo espaço para vínculos mais autênticos. As oportunidades começam a fluir com mais sincronicidade, como se a vida, agora em ressonância com nossa nova vibração, nos reconhecesse e respondesse com generosidade. Nesse estado de alinhamento, percebemos que não é necessário controlar tudo: há uma confiança mais profunda na própria capacidade de navegar os ciclos e na sabedoria que nos guia.

Com essa confiança renovada, a jornada deixa de ser apenas um processo de libertação e torna-se uma celebração contínua do ser em expansão. Já não carregamos os pactos do passado como correntes, mas como símbolos das travessias que nos lapidaram. A autotransformação, então, não é um ponto final, mas um estado de presença consciente que nos acompanha a cada escolha. É viver com coragem, com verdade e com amor – não mais presos às dores que nos moldaram, mas livres para expressar a luz que se revelou no processo. E, assim, tornamo-nos não apenas mais inteiros, mas também mais disponíveis para tocar e inspirar o mundo com a clareza e a força que só uma alma desperta pode irradiar.

Capítulo 31
Liberdade Espiritual

A autotransformação que floresce ao longo da jornada de liberação dos pactos antigos é mais do que uma simples melhoria nas circunstâncias da vida ou um alívio de sintomas limitantes. É a porta de entrada para um estado de ser fundamentalmente diferente, uma nova maneira de habitar o mundo e de se relacionar consigo mesmo e com o universo. Após todo o trabalho de investigação, confronto, liberação e cura, somos convidados a contemplar e a saborear a essência dessa conquista: a liberdade espiritual. Esta não se define apenas pela ausência de correntes específicas que nos prendiam; ela é uma qualidade expansiva da alma, uma atmosfera interior de leveza, clareza e autonomia que permeia toda a nossa experiência.

Imagine a sensação de caminhar sem carregar um fardo invisível nos ombros, de respirar sem sentir um aperto constante no peito, de olhar para o futuro sem o pressentimento de que velhos fantasmas podem surgir a qualquer momento para cobrar dívidas esquecidas. A liberdade espiritual é esse estado onde a alma se sente verdadeiramente desimpedida, leve, sem débitos energéticos ou laços kármicos que a restrinjam a trilhas pré-determinadas pelo passado. É a capacidade reencontrada de seguir o próprio caminho evolutivo por escolha consciente, guiada pela bússola interior da intuição e do propósito presente, e não mais coagida pelas programações inconscientes ou pelas obrigações obsoletas de antigos condicionamentos.

Com a dissolução dos bloqueios energéticos e emocionais associados aos pactos, a energia vital flui com mais vigor e harmonia. Há uma maior clareza mental, uma intuição mais aguçada, uma capacidade expandida de sentir e expressar emoções autênticas. O coração, antes talvez resguardado por muralhas de medo ou tristeza, pode agora se abrir com mais confiança para o amor, para a alegria, para a conexão genuína com os outros e com a beleza da vida. É um retorno à integridade original, um resgate da espontaneidade e da vitalidade que são nosso direito de nascença, mas que podem ter sido obscurecidas por camadas de compromissos limitantes acumulados ao longo da jornada.

Uma das alegrias mais profundas que emergem com a liberdade espiritual é a percepção serena de que o passado já não dita mais o presente nem o futuro de forma determinista. As lições contidas nas experiências difíceis ligadas aos pactos foram, em grande medida, compreendidas e integradas. Os ciclos de repetição foram quebrados pela consciência e pela escolha. As dívidas energéticas foram saldadas através do perdão e da liberação. O que resta do passado é a sabedoria extraída, não mais o peso do fardo. Com essa resolução interior, as portas do destino, que antes pareciam estreitas ou bloqueadas pelas limitações autoimpostas, agora se abrem de par em par, revelando um horizonte de novas oportunidades, de potenciais inexplorados, de caminhos que antes eram invisíveis ou inacessíveis. Há uma sensação real de que tudo é possível novamente.

Contudo, essa liberdade recém-conquistada traz consigo uma companheira inseparável: a responsabilidade. Enquanto estávamos presos aos antigos pactos, podíamos, consciente ou inconscientemente, culpar essas amarras por nossas dificuldades, por nossos fracassos, por nossa infelicidade. "Não consigo prosperar por causa daquele voto de pobreza", "Não encontro o amor por causa daquela promessa antiga". Essas explicações, embora pudessem conter uma verdade parcial, também nos isentavam de certa forma da responsabilidade total por nossa situação. Agora, com os laços rompidos e as desculpas do passado dissolvidas, tornamo-nos verdadeiramente responsáveis por criar nossa realidade daqui em diante. Cada escolha, cada pensamento, cada ação no presente torna-se um tijolo na construção do nosso futuro.

Isso é imensamente empoderador, mas exige um nível elevado de consciência e vigilância amorosa. A liberdade espiritual nos convida a usar nosso livre-arbítrio com sabedoria, a tomar decisões que estejam alinhadas não mais com medos ou obrigações passadas, mas com nossos valores mais elevados – o amor, a compaixão, a verdade, o serviço ao bem maior. Agora, mais do que nunca, cada escolha é feita em plena autonomia da alma, e a qualidade de nossa vida futura dependerá diretamente da qualidade e da intenção por trás dessas escolhas livres. É um chamado para vivermos de forma mais desperta, mais intencional, mais alinhada com nossa essência divina.

A sensação pode ser comparada à de um pássaro que passou muito tempo numa gaiola e, de repente, encontra a porta aberta. No primeiro instante, pode haver hesitação, talvez até um medo da vastidão desconhecida do céu. Mas logo em seguida vem o impulso irresistível de bater as asas, a alegria extasiante de sentir o vento, a maravilha de redescobrir a imensidão do horizonte. É um misto de entusiasmo e talvez um pouco de vertigem diante das infinitas possibilidades e da responsabilidade de escolher a direção do voo. A liberdade espiritual nos devolve a esse estado de potencialidade pura, de abertura para o desconhecido, com a confiança de que temos a capacidade interior para navegar por ele.

É fundamental afirmar que a liberdade espiritual não é um privilégio para poucos eleitos, mas um direito inato de todo ser consciente. É o estado natural da alma, para o qual estamos sempre sendo chamados a retornar. Ao empreender a jornada de liberar-se dos pactos e votos limitantes, ao reivindicar sua autonomia e curar as feridas do passado, você, leitor, não está apenas melhorando sua vida pessoal; você está se alinhando com o propósito maior da própria vida, que é a evolução livre e amorosa de toda a criação. Cada alma que se liberta contribui para a elevação da consciência coletiva.

Ao viver essa liberdade espiritual com autenticidade, você passa a irradiar uma nova frequência no mundo, tornando-se presença curativa e inspiradora onde quer que esteja. Já não é preciso convencer ninguém de nada, nem provar sua transformação: a própria vibração que você emana fala por si. Há uma serenidade natural que nasce da coerência entre seu ser interior e suas escolhas externas. Esse estado não é isento de desafios, mas agora você os encara com outros olhos — não mais como obstáculos insuperáveis, mas como oportunidades de crescer, de exercitar sua soberania, de refinar sua verdade. E quanto mais você caminha a partir desse centro de liberdade, mais a vida responde em ressonância, abrindo caminhos antes inimagináveis.

Com o tempo, a liberdade espiritual se torna não apenas um destino alcançado, mas uma prática cotidiana. Ela é nutrida a cada gesto consciente, a cada limite saudável que você estabelece, a cada vez que escolhe o amor em vez do medo. Ela está presente nos silêncios em que você escuta sua intuição, nas pausas em que respeita seu ritmo, nos encontros em que sua presença plena transforma o ambiente. Essa liberdade é silenciosa, mas poderosa; discreta, mas revolucionária. E nela, você se lembra, dia após dia, que é um ser soberano, capaz de viver com dignidade, alegria e verdade, guiado pela luz de sua própria alma.

É nesse ponto que a jornada encontra sua maturidade. Não há mais pactos secretos governando suas escolhas, nem vozes antigas moldando seus passos. O que existe agora é você — inteiro, presente, desperto. A liberdade espiritual não é o fim do caminho, mas o início de um novo ciclo, onde viver se torna uma arte consciente de expressão da alma. E, com cada novo amanhecer, você segue voando, não porque precisa escapar de algo, mas porque descobriu, finalmente, o prazer de ser quem é em sua plenitude.

Capítulo 32
Caminho Adiante

Chegamos ao final de uma jornada profunda, uma travessia pelas paisagens muitas vezes sombrias, mas ultimamente iluminadas, dos pactos, votos e juramentos que podem moldar uma vida. Desde o clamor desesperado que lhes dá origem até a celebração da liberdade espiritual reconquistada, exploramos as complexas teias energéticas, kármicas e emocionais desses compromissos. A autotransformação floresceu, a leveza foi redescoberta, e a autonomia da alma foi reivindicada. Mas, como em toda grande viagem de descoberta, o fim de uma etapa é apenas o começo de outra. A libertação dos antigos laços abriu um vasto horizonte de possibilidades, um novo caminho que se estende à nossa frente. Agora, a questão não é mais como se libertar, mas como caminhar nessa liberdade, como sustentar essa nova consciência e como continuar a crescer e a florescer a partir desse espaço renovado.

É fundamental compreender que a jornada de autotransformação é contínua. Libertar-se dos antigos juramentos não foi um evento isolado com um ponto final definitivo, mas sim a remoção de obstáculos significativos que impediam o fluxo natural da evolução. O espaço que se abriu precisa agora ser cultivado com confiança e discernimento. Trata-se de aprender a viver sem as velhas muletas, mesmo que fossem dolorosas, e a confiar na própria força e na orientação interior para navegar os desafios e as alegrias que a vida inevitavelmente trará. Caminhar neste novo trajeto exige uma presença consciente, uma disposição para continuar aprendendo e se ajustando, e a manutenção das práticas que nos ajudaram a alcançar este ponto.

Para sustentar a liberdade conquistada e evitar cair novamente em padrões antigos ou criar novos vínculos limitantes, é aconselhável manter algumas práticas regulares que nos mantenham conectados conosco mesmos e com nossa fonte espiritual. Continuar a prática da meditação, mesmo que por breves momentos diários, ajuda a manter a clareza mental, a serenidade emocional e a conexão com a sabedoria interior. A oração ou qualquer forma de diálogo sincero com o Divino, conforme sua crença, fortalece o sentimento de amparo e orientação. Manter um diário de insights espirituais, anotando percepções, sonhos significativos ou sincronicidades, pode ser uma ferramenta valiosa para acompanhar seu progresso, perceber nuances sutis e permanecer consciente de sua jornada interior. A auto-observação atenta, cultivada ao longo deste processo, deve continuar sendo uma aliada, ajudando a identificar rapidamente qualquer tendência de retornar a velhos hábitos de pensamento ou comportamento. Essas práticas não são obrigações, mas sim ferramentas de apoio para nutrir a chama da consciência e da liberdade.

Um ponto crucial no caminho adiante é a cautela amorosa ao fazer novos compromissos. Tendo aprendido, muitas vezes através de experiências difíceis, como podemos inadvertidamente nos aprisionar com palavras ditas sem plena consciência, somos agora convidados a abordar qualquer nova promessa, voto ou pacto com um nível muito mais elevado de discernimento. Antes de se comprometer solenemente com algo ou alguém, pergunte a si mesmo: Estou fazendo isso a partir de um lugar de clareza, amor e livre escolha, ou a partir do medo, da carência, da culpa ou da pressão externa? Este compromisso está verdadeiramente alinhado com meus valores mais profundos e com o propósito de minha alma neste momento? Quais são as possíveis implicações energéticas e kármicas a longo prazo? Valorize a lição aprendida sobre o poder da palavra e use-a com sabedoria. Isso não significa desenvolver um medo paralisante de se comprometer; o compromisso é essencial para construir relacionamentos, projetos e uma vida com significado. Significa, sim, escolher nossos compromissos de forma livre, consciente e responsável, sem recorrer a barganhas desesperadas ou a juramentos feitos sob coação emocional ou imposição externa. Que cada nova promessa seja um ato de co-criação consciente, e não uma potencial futura corrente.

Igualmente importante é cultivar a arte de viver no presente. Grande parte do sofrimento associado aos pactos antigos derivava do fato de estarmos energeticamente presos ao passado. Agora, liberados dessas amarras, temos a oportunidade de habitar mais plenamente o aqui e agora. Aprecie a leveza de não carregar mais aquele fardo invisível. Saboreie a sensação de espaço e possibilidade que se abriu. Esteja presente em suas interações, em seu trabalho, em seus momentos de lazer, sem o filtro constante das limitações ou medos passados. Viver no presente é a expressão mais autêntica da liberdade conquistada.

Nesse viver presente, cultive a gratidão como um estado de ser. Gratidão pela liberdade alcançada, pela força que descobriu em si mesmo, pelo apoio espiritual recebido. Gratidão pelas lições aprendidas, mesmo as mais duras. E, sim, talvez até mesmo gratidão aos pactos do passado. Reconheça que, apesar de todos os desafios e limitações que eles possam ter trazido, foram também catalisadores poderosos para seu despertar e crescimento. Foram eles que o impulsionaram nesta jornada de autoconhecimento e transformação. Integrar o passado com gratidão, em vez de rejeição, é o selo final da cura e da paz interior.

Por fim, saiba que você agora possui não apenas a liberdade, mas também o conhecimento e as ferramentas para mantê-la. A compreensão das dinâmicas dos pactos, a capacidade de reconhecer seus sinais, as técnicas de liberação e proteção – tudo isso agora faz parte de seu acervo pessoal de sabedoria. Use esse conhecimento para si mesmo, para permanecer vigilante e livre. E, quem sabe, talvez um dia, de forma apropriada e respeitosa, você possa até mesmo partilhar sua luz e sua experiência para ajudar outros que possam estar silenciosamente sofrendo sob o jugo de pactos limitantes, não como um salvador, mas como um farol que ilumina o caminho para a autonomia alheia.

O caminho adiante se descortina agora como uma estrada mais clara, iluminada pelas conquistas interiores e pela luz de sua própria consciência expandida. Cada passo dado com presença, discernimento e amor será um passo em direção a uma existência mais plena, mais abundante, mais alegre e profundamente alinhada com a verdade de sua essência espiritual.

Essa nova etapa não exige pressa, tampouco perfeição — apenas presença. O caminhar adiante não se constrói por grandes feitos isolados, mas pelo cultivo delicado de escolhas diárias alinhadas com o ser que você se tornou. Pequenos gestos conscientes, palavras ditas com o coração, momentos de escuta interior, pausas para sentir o corpo e a alma — tudo isso se soma para sustentar o terreno fértil que agora se abre sob seus pés. Ao honrar sua trajetória com humildade e firmeza, você transforma o cotidiano em expressão viva da liberdade conquistada. E quando tropeços acontecerem — como é natural que aconteçam —, que eles sirvam não como motivo de culpa, mas como lembretes gentis de que o caminho é contínuo e que a consciência é o farol que sempre pode ser reacendido.

Permita-se sonhar novamente. Agora que a alma respira sem as antigas amarras, talvez surjam desejos antigos esquecidos, vontades antes silenciadas, ou mesmo sonhos novos, alinhados com sua verdade atual. Confie nesse impulso criador. A liberdade que você conquistou não é apenas ausência de dor; é também a presença de um poder suave, profundo e silencioso, que agora pulsa com mais força em seu interior. Use-o para manifestar uma vida que reflita sua luz real, sem mais necessidade de máscaras, de concessões que traem sua essência, ou de compromissos que não respeitem sua integridade. Caminhar adiante é, acima de tudo, viver com inteireza — onde cada parte sua, antes fragmentada, agora atua em harmonia.

E que assim, passo a passo, você siga construindo uma existência pautada na lucidez, no afeto e na soberania do espírito. Que essa nova consciência conquistada o acompanhe como guia e companheira fiel, ajudando-o a atravessar os desafios com sabedoria e a celebrar as alegrias com gratidão. O caminho não está pronto — ele se faz a cada escolha, a cada gesto de coragem, a cada instante em que você honra a liberdade que tanto buscou. E neste novo percurso, não há mais pactos que o prendam: apenas compromissos sagrados com sua verdade, sua luz e a beleza única da sua presença no mundo.

Epílogo

Há um instante, ao final de toda travessia, em que o silêncio se instala não como ausência, mas como presença plena. Um silêncio carregado de sentido, como o eco suave de um sino que continua vibrando mesmo depois do toque cessar. Ao alcançar este ponto da leitura, talvez você perceba que não chegou a um fim, mas a um começo. Um novo ponto de partida onde algo essencial dentro de você foi tocado, despertado, realinhado.

Você atravessou, página após página, um mapa oculto. Não um mapa de terras físicas, mas de territórios sutis, onde operam forças invisíveis que modelam escolhas, sentimentos, e circunstâncias. Viu, com os olhos da alma, que há compromissos antigos costurados em sua jornada — alguns esquecidos, outros herdados, muitos ainda ativos. Descobriu que há promessas que não foram apenas palavras, mas decretos energéticos, emitidos com tanta força emocional que ecoaram além do tempo.

E agora, talvez esteja sentindo algo novo: a leveza que nasce do reconhecimento. A lucidez de saber que, sim, você pode dissolver os fios que o prendem a pactos que já não servem ao seu caminho. Que você não é refém dos seus próprios votos antigos, nem das heranças vibracionais que lhe foram passadas — mas guardião consciente da sua liberdade espiritual.

Essa é a grande alquimia da consciência: quando você se torna ciente do que o limita, já iniciou o processo de libertação.

Ao longo dos capítulos, você foi convidado a olhar para trás — para vidas passadas, para ancestralidades silenciosas, para juras esquecidas em noites de dor ou êxtase. Foi conduzido a reconhecer como a palavra empenhada não é mero som, mas semente vibracional. E, mais importante ainda, foi mostrado que nenhuma dessas sementes é definitiva. Que todo pacto pode ser transmutado. Que o universo espiritual responde ao seu chamado quando ele nasce da verdade, da humildade e da intenção clara.

O que fazer com tudo isso agora?

Leve adiante a arte de escutar a si mesmo com mais presença. Reflita sobre as palavras que ainda ecoam em seu interior. Pergunte-se, com honestidade: *Quais pactos ainda estão ativos em mim? Quais promessas continuo honrando inconscientemente, mesmo quando já não fazem sentido? O que jurei — à vida, ao outro, a mim mesmo — que ainda está moldando meus passos?*

A resposta a essas perguntas não virá sempre como pensamento claro. Às vezes, virá como uma sensação estranha ao repetir um padrão. Outras, como um desconforto diante de uma escolha. Ou como uma lágrima inesperada ao lembrar uma cena antiga. Aprenda a reconhecer essas pistas. Elas são sussurros da alma indicando onde o laço ainda está.

E ao identificar um juramento antigo, não o negue com raiva. Honre a versão sua que o fez. Acolha aquele momento com compaixão. Aquele pacto, por mais limitante que tenha se tornado, nasceu de uma necessidade, de uma dor, de um amor profundo ou de uma busca sincera por pertencimento. Ele foi parte da sua construção. E agora, pode ser parte da sua liberação.

Use as ferramentas que este livro lhe ofereceu — os rituais, os gestos simbólicos, as visualizações, os exercícios de perdão e reconexão. Mas acima de tudo, use sua presença. Não há ritual mais poderoso do que estar inteiro em si. E não há libertação mais verdadeira do que aquela que nasce do entendimento amoroso de que você é, em essência, livre.

Você aprendeu que há contratos que não foram firmados por palavras ditas, mas por pensamentos insistentes, por padrões repetidos, por lealdades silenciosas. Que existem pactos com ideias, com expectativas familiares, com arquétipos e até com versões antigas de si mesmo. Mas também viu que todo contrato, por mais ancestral, pode ser revogado. Porque nenhum pacto é maior do que a verdade do seu espírito em expansão.

E talvez o mais importante: você compreendeu que sua palavra, quando alinhada ao coração e à alma, tem o poder de criar mundos. Ela pode prender — mas também pode libertar. Ela pode ferir — mas também pode curar. E agora que você sabe disso, escolha com consciência aquilo a que se compromete. Dê valor à palavra que empenha. Use-a como instrumento de criação, de transformação, de amor.

Cada voto quebrado, cada pacto dissolvido, cada promessa ressignificada representa um passo de volta ao seu centro. A cada fio cortado, a cada sombra integrada, um novo espaço se abre em você — espaço para ser quem verdadeiramente é, sem amarras, sem contratos não escolhidos, sem dívidas ocultas. Um espaço onde a sua vida possa florescer a partir da sua vontade mais elevada.

O que começa agora é uma nova etapa: a da construção consciente de seus compromissos. A da escolha deliberada de vínculos que elevam, que nutrem, que expandem. A da aliança com sua própria alma — uma aliança sem clausulas de medo ou submissão, mas firmada em liberdade, discernimento e luz.

Este não é o fim da leitura. É o início da escuta.

O silêncio que se segue às últimas páginas é fértil. Dentro dele, sementes germinam. Algumas irão florescer como decisões. Outras, como libertações sutis. E outras ainda, como novos votos — não impostos, mas escolhidos.

Que este livro tenha sido, para você, mais do que informação: que tenha sido transformação.

E que os próximos passos de sua jornada sejam trilhados com leveza, verdade e, acima de tudo, liberdade.

www.ingramcontent.com/pod-product-compliance
Lightning Source LLC
LaVergne TN
LVHW040052080526
838202LV00045B/3590